働かないおじさんが御社をダメにする

ミドル人材活躍のための処方箋

白河桃子
Shirakawa Touko

PHP新書

はじめに　～リモートで居場所がなくなる「働かないおじさん」問題～

コロナ禍で学んだのは、変化をいとわない人間こそ強い。固定観念にとらわれていては危険な目に遭う。（中略）「危機」の時代だからこそ、本当の居心地の良さを求めて「変化」が起きるのでしょうね。

――オードリー・タン[1]

新型コロナウイルス感染症の拡大を防ぐため緊急事態宣言が出される中、知り合いの編集者に「最近どうしているの？」と聞く機会がありました。その編集者は、「ほとんどテレワークになりました」と言います。とはいえ、その会社は「超昭和体質」でした。

1　NHK教育テレビジョン「ズームバック×オチアイ 特別編 ～落合陽一、オードリー・タンに会う～」2020年10月3日放送

「そうなんですか！　社内で働き方を変えることへの抵抗はなかったのですか？」と聞くと、**「昭和はコロナで押し流されました！」**と一言。まさに、昭和の働き方がコロナで否応なしに変わる**「働き方のパラダイムシフト」**が起きたのです。

　事実、２０２０年３月時点ですでに１７０万人が「初テレワーク」を体験していたと言います。[2]緊急事態宣言後に行われた内閣府の７都府県調査では、テレワーク経験は34・6％、東京23区に限っては55・5％でした。[3]

　しかしそこで「押し流された」のは、昭和だけではありませんでした。「昭和の働き方」とともにあった生産性の低いミドルシニア・シニア社員、いわゆる「働かないおじさん」層も、ともに押し流されようとしているのです。

テレワークで存在感が消えた働かないおじさん

　日本企業における「働かないおじさん」問題は、コロナ前からずっと言われてきたことです。私のビジネススクールの同級生に、大手の日系ＩＴ企業の子会社に勤めている友人がいます。彼の会社には、親会社から出向してきた「働かないおじさん」がたくさんいると言います。

給与体系は本社と同じなので、子会社のプロパーよりはもちろん高い。しかし、それに見合う仕事をしているかというと、「働かないならまだいい。変に存在感を出そうとして、決まったことにいきなり会議で口を出してかえって混乱させるんです」という始末。

そんな彼に、コロナ後に「働かないおじさん」たちがどうなったか聞きました。すると「まったく存在感がなくなりました！」というのです。彼らはオンラインが中心となった会議では発言せずに黙っているので、「いない人」として扱われているというのです。

同じような話はいくらでもあります。テレワーク元年である2020年には、経営層も含めたミドルシニア・シニア社員の多くが、「仕事のリモート化」に苦労しました。「機械音痴でオンライン会議に入れないおじさん」「自分が使いこなせないからと言って、やっぱり会社で会議しようと提案するおじさん」など、枚挙にいとまがありません。

リモートで戸惑っているくらいならよいのですが、「年齢を指定したリストラの嵐」も

2　パーソル総合研究所「新型コロナウイルス対策によるテレワークへの影響に関する緊急調査」
3　内閣府「新型コロナウイルス感染症の影響下における生活意識・行動の変化に関する調査」https://www5.cao.go.jp/keizai2/manzoku/pdf/shiryo2.pdf

きています。２０１８年にＮＥＣが45歳以上の社員を対象に３０００人の「黒字リストラ」を発表するなど、コロナ前から大手企業もミドルシニア・シニア社員のリストラに着手していました。黒字でもリストラするのは、時代の変化に合わせて組織の新陳代謝を促し、「変わる力」を止めようとしてしまう人たちを切りたいからです。東京商工リサーチによると「２０２０年に早期・希望退職募集を開示した上場企業は93社にのぼった。募集社数は、リーマン・ショック直後の２００９年（１９１社）に次ぐ高水準。前年の35社から２・６倍増と急増した」とあります。コロナ後は黒字ではなく「赤字リストラ」が５割以上ということです。[4]

　私は経営層とも話す機会がありますが、本音のところ、多くの経営層が政府に対して「解雇要件をゆるくして自由に社員を辞めさせられるようにして欲しい」と望んでいます。日本は海外と違い、解雇に厳しい。年功序列のメンバーシップ型雇用で、会社が人事権を握る代わりに、簡単に「明日からクビ」というわけにはいかないのが日本の雇用であり、「働かないおじさん」問題を生み出す原因でもあります。

　個人としても企業としても、「変化を拒む」ことは「生き残れないこと」を意味します。今までは騙し騙し、なんとか引っ張ってきたものの、コロナで変化のスピードが加速しました。個人としても企業としても「変化すること」が突き付けられています。その中で岐路に立たされているのが、働かないおじさん問題に代表される日本の雇用慣行なのです。

多様性よりも前に、組織を蝕む同質性のリスク

ここまでおじさんおじさんと言ってきましたが、これは年齢や性別の問題ではなく、「変化に対応できない人」の総称でもあります。奇しくもコロナは、「テレワーク」「ニューノーマル」といった働き方や暮らし方に対応できるかどうかを通じて、「変化できる人」と「変化に対応できない人」を見分けるリトマス試験紙になりました。

今までも、ダイバーシティ推進、デジタル化、働き方改革など、様々な変化の波がやってきましたが、そのたびに日本の企業は小手先の対応にとどまり、なかなか根本的に変わらない。**「みんなで渡れば怖くない」ではなく「みんなで渡らなければ怖くない」とばかりに変化を拒んできました。**その中核にいる抵抗勢力、粘土層と呼ばれる人たちが「おじ

4 東京商工リサーチ「2020年上場企業の早期・希望退職93社　リーマン・ショック以降で09年に次ぐ高水準」2021年1月21日

さん」なのです。

変化を拒む層は「同質性の塊」で、そのままでは様々なリスクをもたらします。同質性とは多様性の反対にあるもの。多様性がイノベーションの条件であることはよく知られていますが、私が講演などで訴えているのは「イノベーション以前の問題として、同質性のリスクはとてつもなく大きい」ということです。

同質性の最大のリスクは「集団的浅慮」が起きることです。これは集団が個人の総和よりもレベルの低い意思決定をしてしまうことを意味し、社会心理学者のジャニス（1982）が提唱して以来、様々な研究やその防止策が研究され、論文になっています。

ジャニスによると集団的浅慮の恐ろしい点は以下の8つです。

1．集団の実力の過大評価

2．不都合な悪い情報を入れない

3．内部からの批判や異議を許さない

4．他の集団をきちんと評価しない

5．疑問を持たないように「自己検閲」が働く

6．全員一致の幻想を持つ

7．逸脱する人を許さず、合意するように働きかける

8．集団内の規範を重視する

その結果、起きるのは企業の不祥事です。「データ改竄」「金融不正」などが良い例です。「バレないだろう」「このぐらい誰もがやっている」「今まで大丈夫だったんだから」と思ってしまうから不祥事が起きます。まさに「会社の常識は世間の非常識」です。スルガ銀行、東芝、アネハなど、いくらでも事例が思い浮かぶのではないでしょうか。

そして日本一の同質集団である政府が「いくら悪い情報が入ってきても、一度決めたことは後戻りできない」というリスクを持っていることが露呈したのがコロナへの対応です。「これはまずいですよ」と誰も言えなかったからこそ、起きたことです。また世間のモラルではなく、集団内の規範を重んじることは「セクハラ」「パワハラ」の原因にもなります。

多様性の推進、同質性の排除はグローバルな潮流で、**特にリーマン・ショックの反省から、米国の金融業界が同質性からの脱却を目指していることがよくわかります。**ゴールドマン・サックスは「取締役会が白人男性だけの企業のＩＰＯは引き受けない」と発表し、自社のパートナー（同社で最高の職位）についても、その多様性を推進。２０２１年1月1日付で就任するパートナーについては、全体の47％を女性、黒人、アジア系、ヒスパニック系とすると表明しています。[5]さらに２０２０年12月には「投資先の米国企業に対し、取締役会のダイバーシティ（多様性）強化を求める方針を示した。女性やマイノリティーの起用拡大を求める」という声明を出しています。[6]

こんな欧米から見ると意思決定層は高齢の男性ばかりで、会社の平均年齢も「45歳以上」が多い日本企業は「同質性が高すぎる」「なんてリスキーなんだ」「この人たちに任せて大丈夫か」と不安に思われているのではないでしょうか。

これが「同質性のリスク」で、日本の大企業は特に「同じような経歴」「同じような働き方」「社内型スキルに特化した同じようなキャリア」「同じような属性（特に男性日本人正社員）」という特徴が挙げられます。アリババの創業者のジャック・マーも日本を尊敬する国と言いながらも、**「残念なことがある。会議室に行くといるのは銀髪の男性幹部ばかりだ」**と指摘しています。[7]

リストラの前に「おじさん活躍」推進

では企業側は、生産性の低い人材をリストラすれば生まれ変わって、儲かる企業になるのでしょうか。「リストラ対象」のミドルシニアを大量に抱え込んでいるレガシー企業は、すでに高齢化企業で、優秀な若い人たちには魅力的な就職先ではありません。首を切ったミドルシニアの代わりに優秀なエンジニアなど新規人材が中途で雇えるかと言えば、そういうわけではありません。むしろ「おじさん」を「おじさん」たらしめた人事制度や風土がある限り、せっかく入った人たちも「おじさん」の再生産」になるかもしれません。

また、企業の「社会的役割」も注目される昨今、「リストラすればいい」というのは無責任なことだと私は思います。**ミドルシニアを「おじさん」にしたのは「企業」と日本の**

5　ロイター通信「米ゴールドマン、新パートナーを発表　多様性強化」2020年11月13日
6　ロイター通信「EXCLUSIVE-ゴールドマン、投資先企業に多様性強化を要請へ」2020年12月10日
7　Business Insider Japan「アリババのジャック・マー会長『日本を尊敬。だが惜しいことが2つある』。退任直前の助言」2019年8月30日

構造そのものです。一斉に新卒でスタートを切って、競争する。そのうちだんだんと「第一選抜」「第二選抜」が行われ、同期と差が開いていく。競争から溢れた人たちは当然やる気がなくなります。早いうちに転職するという方法もありますが、あいにく日本はメンバーシップ型雇用です。年次が上がるにつれて、給与も上がっていく。そのカーブは昭和の頃は今より右肩上がりのカーブでした。今もゆるやかなカーブがあります。

全員が課長になれる時代が終わり、課長になれなくても、部長になれなくても、このカーブのおかげでおじさんたちは会社に残ることを選択する。奥さんは転勤や子育てでとっくに会社を辞めて専業主婦かパート主婦になっている。妻子を養うシングルインカムのおじさんたちはますます会社にしがみつかざるを得ない。入社してから一度も履歴書を書いたことがない人が、「45歳以上」になっていきなり転職するのはかなりのハードルです。なぜなら日本企業で頑張れば頑張るほど、「社内に特化した人材」になってしまうからです。

NPO法人ファザーリング・ジャパンの安藤哲也代表理事がこんな話をしてくれました。「NPOを手伝いたいという人が来るのですが、**『何ができますか？』と聞くと、ちょっと考えて『部長ならできます』というのです**」。笑い話ですが、怖い話です。これでは

NPOの方も困ってしまいます。

社内に特化したスキルを「汎用性のあるスキル」（ポータブルスキル）に転換できる人はいいのですが、日々目の前の仕事に追われていると、転換することは意外と難しい。「社会人が大学院に行くと、自分の仕事で培ったスキルを、理論的に体系立てて整理することができる」と言います。

目の前の仕事を離れて学ぶことで「社内特化型スキル」が「ポータブルスキル」に転換できるわけです。そもそも日本企業で転職せずにやってきた人は機会を与えられないと、自分のキャリアやスキルを「整理して」「言語化する」ことが苦手です。

おじさん活躍推進が必要

日本型組織がみずから生み出した存在を悪者扱いするのは、あまりに無責任ではないでしょうか。

人的資源管理を専門とする中央大学大学院戦略経営研究科（ビジネススクール）の佐藤博樹教授は、**「会社が、仕事中心の規格化した人材を育てた。追い出すのではなく、キャ**

リアを考える機会を与えるべき」と話していました。私も同感です。おじさんをおじさんにしたのは会社なのだから、企業が責任を取るべきではないでしょうか？

経営者の多くは、「おじさんたちを解雇したい」というのが本音だと述べました。政府の有識者会議でも、「解雇規制を緩和し、一定の金額を支払えば企業が労働者を解雇できる『金銭解雇』を合法化してほしい」という声が企業の経営者から必ず上がります。

しかし、自分たちに使い勝手の良い「同質性」の人材を育てておいて、「いらなくなったら捨ててしまえ」というのは乱暴すぎます。特にミドル以上の世代は、妻は専業主婦かパート主婦という家庭が大多数ですから、一家の大黒柱が大量に解雇されたら日本の社会全体が不安定になるでしょう。リストラするにしても、心構えとキャリアの棚卸しぐらいはしてからにして欲しい。**ミスマッチな仕事についた「不機嫌なおじさん」が社会に大量にばら撒かれても困ります。**

京都産業大学教授の伊藤公雄さんは「労働の仕組みや家族の多様化」などの変化に、**「ついていけない男性」**たちが増加していることを指摘しています。[8]「キレる中高年男性」問題などはまさにそれです。男女平等な社会ではすでに問題となっている**「メンズ・クライシス（男性危機）」**です。スウェーデンでは１９８６年から全国30カ所の「男性のための危機（メンズ・クライシス）センター」を作って男性からの相談に対処しています。それほど社会にとって大きな問題なのです。

お尻に火がついている当事者はもちろん、企業の経営者や人事には、「社内のミドルシニアを『変化に対応できる人材』にする方法」を真剣に考えていただきたいのです。

イノベーションを起こす会議を仕掛ける、ある専門家が言っていました。「企業に行くと、うちは年齢の高い男性ばかりで多様性がなくて、イノベーションが起きないんです、とよく言われます。でも本当はその人たち一人ひとりが個性を発揮できれば、多様なんですけどね」と。

日本型組織の中には確かに「同質性の高いおじさん」がたくさんいますが、本来は誰もが多様な一人の人間です。ただ、これまでメンバーシップ型雇用と昭和的風土にどっぷり浸かって「企業戦士」養成ギブスをはめられ、組織の行動規範に従うことを要求された結果、会社と自分が同化してしまっているのです。

ミドルシニア自身の行動や意識改革ももちろんですが、会社がおじさんたちの行動を変

8　伊藤公雄「男女平等に『怯える男たち』をケア…男性危機センターの大切な役割」現代ビジネス　2019年4月4日

える仕組みや仕掛けを用意すれば、そこにはまだまだ伸び代があるはずです。

パナソニック代表取締役、専務執行役員で、社内カンパニーのパナソニックコネクティッドソリューションズの樋口泰行さんに取材したとき、「45歳以上の男性中心の組織は、改革が進みにくいのでは」という質問にこんな答えが返ってきました。

「物理的な年齢構成を変えられないなら、**精神年齢を若く保つ。それが組織を活性化する唯一の解ではないでしょうか**」。私はこの言葉に、日本企業再生のヒントがあると感じました。

今こそ「ミドル人材」を活用せよ

少子高齢化が進む日本では、組織の年齢構成を大きく変えることは難しい。しかし裏を返せば、これだけ豊富な経験を持ったミドルシニア人材がすでに十分手元にある、という見方もできます。

年齢や性別という属性がその人のすべてを決めるわけではないのですから、気持ちや考え方を常にフレッシュに保ち、時代の変化や新しい価値観に対応できる柔軟さを保つことができれば、ミドル社員たちがそれぞれの個性や能力を組織の中で大いに発揮できるようになるはずです。でも今さら何をすれば……と途方に暮れる人もいるかもしれませんが、「若い人たち」が「変化」を起こしやすいように助けることはできるはずです。

ある時、住友生命保険相互会社の橋本雅博社長の講演でこんな話を聞きました。**「チャラ男と根回しオヤジの組み合わせでヒット商品の保険ができた」**と。住友生命には健康増進型保険「住友生命Vitality」という保険があります。これは、加入者による運動・健診書提出などといった健康増進への取組みに応じて、保険料が変動したり、特典が貰えたりする新しい保険です。その新商品開発のきっかけとなったのが「チャラ男と根回しオヤジ」だというのです。

チャラ男というのは、社外の人と付き合いがうまく、色々なところに顔を出して、色々な情報を仕入れてくる職員のこと。彼が社外で聞いてきた海外にある保険の実例をもとに作られたのがこの商品です。しかし彼だけでは商品化までは辿り着けませんでした。そこで彼とタッグを組んだのが「根回しオヤジ」、つまり商品化を実現するために社内の根回しができる職員だったのです。

実はこの組み合わせが重要なことは、早稲田大学ビジネススクールの入山章栄教授が指摘していて、橋本社長のお話はこれの実体験として述べられたものです。「弱いつながり」をたくさん持つ「チャラ男」はクリエイティブです。しかし創造性があり、アイデアがあるだけではビジネスになりません。「製品化、会社での導入、特許化など、実際に活用されるところまでたどり着かなければイノベーションといえない」と述べています。

アイデアが実装されてイノベーションになるためには、今度は「強いつながり」を社内で持つ人が必要になります。それが「根回しオヤジ」です。自社にイノベーションがないと嘆く日本企業は**「チャラ男と根回し上手な目利き上司のコンビ」**が必要と入山教授は断言しています。自分に創造性はなくても「根回しオヤジ」になってサポートすることならできるという人もいるでしょう。

「エルダーシャイン制度」というプロジェクトで、2020年に160人ものシニア人材の募集をしたパソナでは**「組織の中でポジションがあって大事にされているメインストリームの人は社外に出てこない」**。だから定年後に労働市場が出てくる宝の山」と見ています。

さらに活用の仕方がユニークで「経理部長」だったから経理の仕事をするとは限りません。キャリアを生かそうとするとかえってポジションが限られる。65歳からの新入社員という謳い文句の通り「新卒の総合職のようになんでもやってもらう」のです。

前年は数百名の応募から80名を採用しました。淡路島でバスの運行スケジュールを組む元公務員もいれば、地ビールの販路を広げる営業マンもいます。パソナの人事で働く人もいて、元自衛隊の学校長、出版社の経営者、総合電機メーカー社員など前職は様々です。パソナ自身も「異業種の人」を受け入れることで活性化しているのです。

本書では、「ミドル人材の活躍推進」にいち早く着手した企業の先進事例を紹介しながら、そのノウハウを皆さんと共有していきます。もちろん、みずからを「おじさん」と認識している方たちにも、ご自分のキャリアを今後どう構築していくかのヒントとして役立ててもらえます。本書が「おじさん」にエールを送る一冊であることを、まずはお伝えしておきます。

本書の構成を簡単に紹介しておきます。第1章では、コロナで起きた「働き方」のパラダイムシフトについて説明します。続く第2章では、そんな中でミドルの意識改革をどう進めるべきかを考察します。抵抗勢力だからといって、おじさんたちを取り残したまま働き方改革を進めても、生産性の高い組織にはならないことを理解してもらうための章です。

第3章では、いち早く「おじさん活躍推進」に着手し、成果を上げている企業の実例を紹介します。アプローチは企業によって様々ですが、皆さんの会社でも取り入れられる施策や取り組みがないか、ぜひ参考にしてください。

第4章では、企業で「おじさん改革」に取り組む担当者たちの座談会を公開します。現場の実態と本音を知ることで、これから働き方改革を進める際の課題や注意点を改めて整理できます。

第5章では、おじさんを新たな人材として採用し、ベテランならではの経験や能力を組織として積極的に活用している企業を紹介します。また、「第二の新人教育」として中高年が長く活躍するための研修に取り組んでいる事例も取り上げます。

第6章では、今の時代に求められるマネジメントについて検証しながら、これからの時代に活躍できるおじさん像を探っていきます。「マネジメントができるミドル」を育成するための研修事例も紹介します。

さて、この「はじめに」の最後で、やって欲しいことがあります。次のリストで、あなたのおじさん度をチェックしてみてください。

□自分をアップデートしようという意識がない
□フリーアドレス制でも同じ席に座ってしまう
□リモートワークの制度があっても使わない
□残業削減で早く帰っても居場所がない
□パワハラを指摘されると「怒鳴ってない」と怒鳴る
□残業代は減るし、働き方改革なんて良いことがないと思っている
□リモートなんかやっても、見ていないところでは「部下がさぼる」と思っている
□対面以外のコミュニケーション、特にチャットが苦手
□過去に強力な成功体験がある
□Ｓｌａｃｋや ＲＰＡなど新しいシステムはめんどうで使いたくない
□若い頃、上司から上意下達の指示しか受けたことがない
□男性の家事や子育てをつい「お手伝い」と言ってしまう
□新卒以来履歴書を書いたことがない

あなたはいくつ当てはまりましたか？　ここにあるように、おじさんとは性別や年齢に

よるステレオタイプではありません。「アップデートしない人」「変化に抵抗する人」を言います。少しでも「これ、自分のことかも……」と思った人は、ぜひ本書を通じて自らを「アップデート」してみてください。

本書がミドルシニア社員の活用を課題とする企業や、働き方を変えたいと思っているミドルシニア社員の助けになれば、これほど嬉しいことはありません。

働かないおじさんが御社をダメにする　目次

はじめに　～リモートで居場所がなくなる「働かないおじさん」問題～

第1章　働き方のパラダイムシフトが起きた！

第2章

「働かないおじさん」はこう変える！ミドル活用の「新常識」

第3章

ミドル人材が活性化される仕組み
～「ミドル人材活用推進」の先進事例～

第4章

「ミドル人材活用」の担当者たちが本音を語る

第5章 「新しい人材」としてのミドル

第6章

変わるマネジメント
～これからの時代に求められる「ミドル人材」とは～

第1章

働き方のパラダイムシフトが起きた！

ハイパフォーマーとローパフォーマーの差がより明確になることも分かりました。
つまり、自律的にどんどん仕事を進められる人は在宅勤務でも問題なく
アウトプットを出してくれる一方で、ローパフォーマーの成果はほとんど見えづらくなる。
これは本人にとっても会社にとっても、よくないですよね。
もしかしたら今後は「会社に来ない人ほどハイパフォーマー」という構図が
日本社会に生まれるかもしれません。

――夏野剛[1]

2020年はコロナによる「働き方のパラダイムシフト」が起きたと書きました。これは政府が4月からの緊急事態宣言で「テレワークを7割」と要請したからです。結果的にテレワーク経験のあった人は34・6%、東京23区に限っては55・5%でした。[2]

しかし緊急事態宣言が明けるや否や「さあ、もう日常に戻ろう」と「リアル会議」「リアル出社」を求める勢力が台頭してきました。変化を拒む人たちは主に、テレワークやオンライン会議で急速に「自らの存在感」「慣れ親しんだ仕事のやり方」を失いそうになった人たちです。

特に「働かないおじさん」たちは危機感を募らせています。会議が仕事だった人は、会議のやり方がリモートで効率的になり、会食もなくなると、仕事を奪われます。何よりも「昼間の家庭は居心地が悪い」ので、なんとしてでも「出社」を正当化したいのです。なんとなく会議やメールで仕事をしていた感じを醸し出していた人は、炙り出されてしまいました。

「働かないおじさん」とは「生産性」と「賃金」が逆転していることをいいます。働かないおじさん問題は、日本型のメンバーシップ型雇用、年功序列型の賃金システムの問題で彼ら自身のせいではありませんし、各社における実態は様々です。

最近は年功序列型の賃金システムから脱却する企業も多く、今の35歳以下ぐらいの人は「自分の年功賃金カーブの上昇」が期待できないことなど、とっくにわかっています。だからこそ、緩いカーブになったとは言え、かつての「上昇カーブ」に準じた給与をもらっ

1　白河桃子「夏野剛氏『能力が高い人ほど会社に来ない時代に』」NIKKEI STYLE WOMAN SMART内連載「すごい働き方革命」2020年6月17日

2　内閣府「新型コロナウイルス感染症の影響下における生活意識・行動の変化に関する調査」https://www5.cao.go.jp/keizai2/manzoku/pdf/shiryo2.pdf

ている世代には非常に厳しい目が注がれます。

コロナ前は社員の5%しか利用されないテレワーク

それではコロナ以前はどうだったのでしょうか？　総務省の調査によると、平成30年時点でテレワークを導入している企業は19・１%、導入予定があると答えた企業を含めても26・３%でした。[3] ここで導入というのは企業として制度化しているという意味です。

ただし実際にテレワークをしているかどうかについては、**導入済みの企業でも、利用者数が従業員の５%未満と答えた企業が48・４%もいました。**某日系大手ＩＴ企業などでも、制度の導入は早かったものの、７年経っても利用者は数万人中たった１００名だった、という話もあります。

またテレワーク制度があるのは従業員数２０００人以上の大企業では46・１%でしたが、従業員数３００人未満で制度が導入されている企業は14・５%でした。フランス、イタリアなどでは「テレワークは働く人の権利」として法律になっているのと比べると、日本はデジタル後進国、テレワーク後進国と言えます。

しかし新型コロナウイルス感染症のパンデミックが起こり、日本は緊急事態宣言に突入。政府は7割の在宅勤務を求め、20年3月には１７０万人が初テレワークを経験します。[4] 4月の調査でもテレワークの実施率は、全国平均で27・9％となっています。3月半ばの時点では13・2％であったことを考えると、2倍以上となっています（図１－１）。[5]
また緊急事態宣言地域の7都府県のテレワーク実施率は38・8％、それ以外の地域で13・8％、東京都に限れば49・１％でした。
さらに、テレワークを行っている人のうち「現在の会社で初めて実施した人」は68・7％でした。これも3月半ばの47・8％から大幅に増えています（図１－２）。

生産性より「意識変容」に注目

コロナで日本の働き方に何が起きたのでしょう？　**ポイントは「経営者から平社員ま**

3　総務省「平成30年通信利用動向調査」
4　パーソル総合研究所「新型コロナウイルス対策によるテレワークへの影響に関する緊急調査」
5　パーソル総合研究所「新型コロナウイルス対策によるテレワークへの影響に関する緊急調査　第二回調査」

で」多くの人たちが、強制的にテレワークを経験したということです。これによって意識の面でも大きな変容が起きました。内閣府が20年6月に発表した調査によると、テレワーク経験者について、WLB（ワーク・ライフ・バランス）、地方移住、仕事などに対する「意識変容」が起きていました（図1－3）。[6]その内容をまとめると、以下の通りです。

・WLBについて、**「生活を重視するように変化」**した人が、テレワーク経験者は通常通りに勤務した人の2倍弱いた。
・**地方移住**について、テレワーク経験者は通常通りに勤務した人の2倍強も関心が高くなっている。
・**職業選択、副業等の希望**について、テレワーク経験者は通常通りに勤務した人の約2倍弱も変化したと答えている。

またテレワークを経験した人は「時間」についての意識も高くなっているという指摘も

6　内閣府「新型コロナウイルス感染症の影響下における生活意識・行動の変化に関する調査」https://www5.cao.go.jp/keizai2/manzoku/pdf/shiryo2.pdf

図1－1　3月と4月のテレワーク実施率

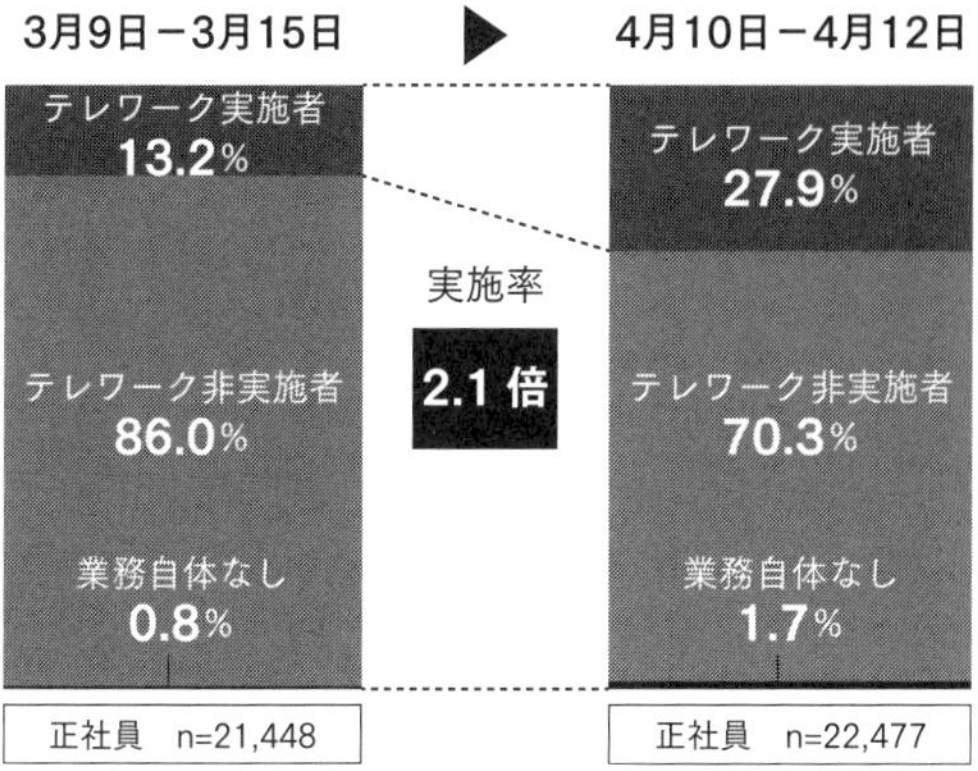

出所）パーソル総合研究所「新型コロナウイルス対策によるテレワークへの影響に関する緊急調査　第二回調査」

図1－2　3月と4月の初めてのテレワーク実施率

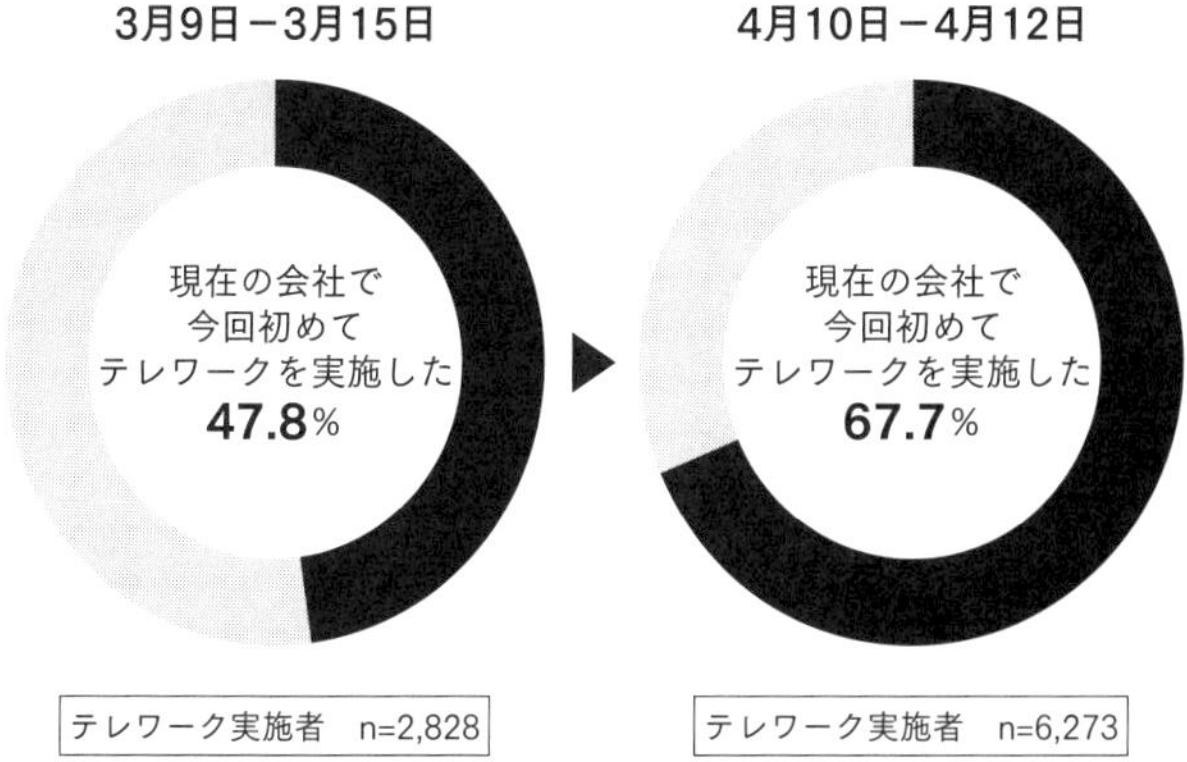

出所）パーソル総合研究所「新型コロナウイルス対策によるテレワークへの影響に関する緊急調査　第二回調査」

あります。一説によると、時間の価値は3倍になったという話もあります。

あなたが、あるセミナーを受講することになったとします。それがリアルな場で行われるセミナーの場合、講演会場という「場」に固定されています。もしそのセミナーがつまらなかったとしたら？　退出するか否かぐらいしか選択肢はありません。

しかしそれがリモートセミナーだったらどうでしょう？　セミナーの内容だけをｉＰｏｄで聴きながら、キッチンでお皿を洗ったりすればいいだけです。本当につまらなかったら、オフにして、違うことをすればいい。目の前で子供が泣いたら、そちらに行くでしょう。つまり場に縛られていない分、その時間を何に使うかについて、様々な選択肢が生まれるのです。

ということは、リモートセミナーの場合、より魅力的かつ価値のあるものを提供していかなければいけないわけです。私は講義、講演などを生業とする人間です。緊急事態宣言後に対面講演は一度なくなり、また徐々に戻りつつありますが、リモートでの講演が増えて、今はリアルとリモートが半々ぐらいになっています。**しかしリモートの取材や講演の方が、より時間は短く、かつ内容が濃くなります。**対面は「1対多数」でも、リモートは「1対1」に近いからです。

図1－3　テレワーク経験者の意識変化

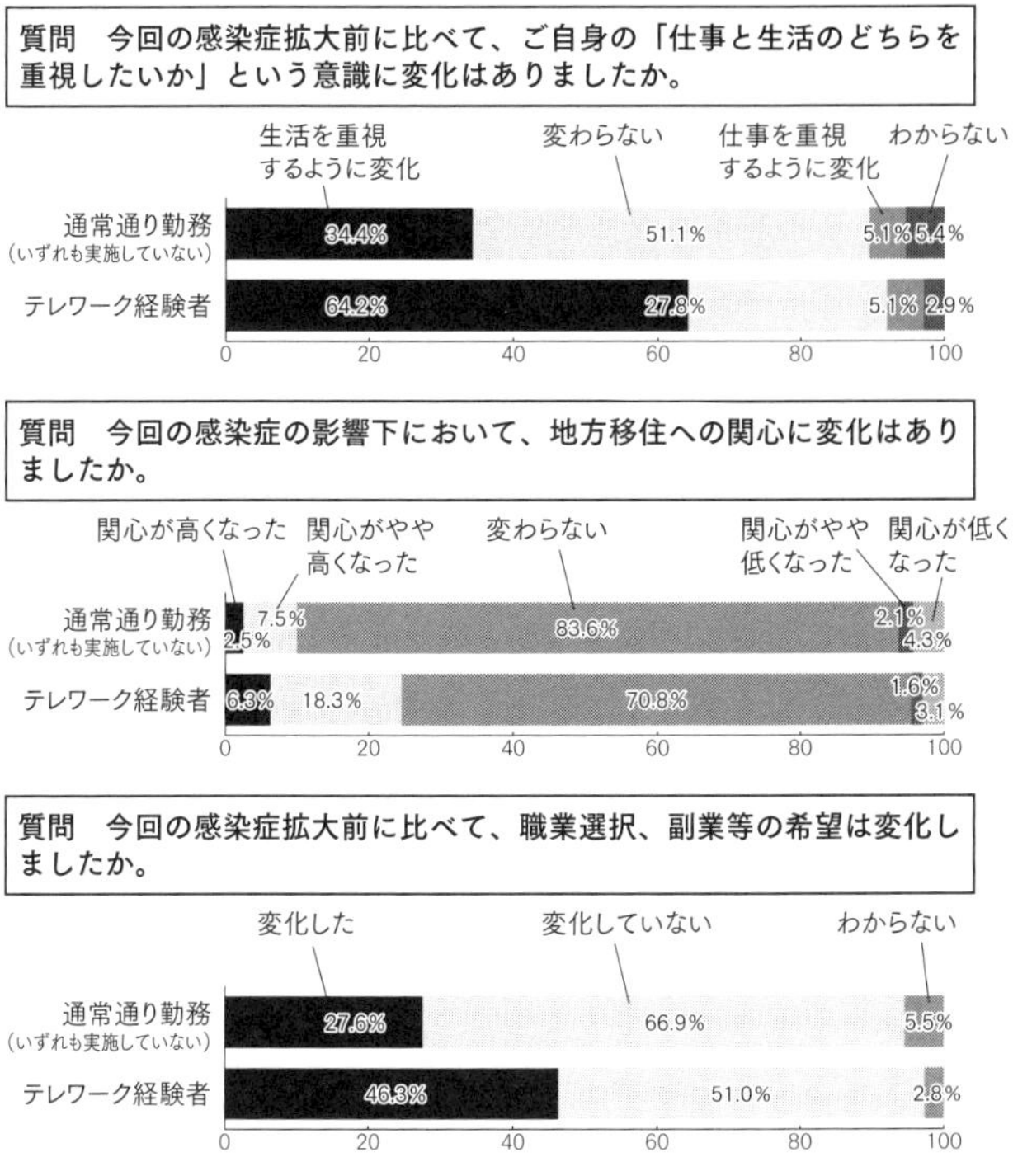

出所）内閣府「新型コロナウイルス感染症の影響下における生活意識・行動の変化に関する調査」

「場所」に縛られなければ、人の時間の価値はもっと上がる――これは仕事全般に言えることだと思います。例えば対面営業をやっていた人は、リモート時代には「さらに価値あるものを提供しないと会ってもらえなくなる」と言います。

20年4月に一般社団法人営業部女子課の会が行った調査によると、「移動時間が削減された」「時間効率が良くなりアポ数が増えた」「商談の時間が短縮された」などのメリットをあげ、88%の人が「今後リモート営業が拡大する」と回答しています。[7]

非対面営業が主流になり、時間を目一杯使う、足で稼ぐ営業スタイルが時代遅れになっていけば、「わざわざ会いにきた」ではなく「こんなことぐらいで会いにきたの？」と思われる恐れもあります。つまり対面の価値がなくなるのではなく、「対面」してもらうための付加価値が必要になるのです。「ただのご挨拶」に対面を要求することは「失礼」になっていくという転換が起きています。

ドワンゴ代表取締役社長の夏野剛さんも「ここ7年半で働き方改革が成立した。できないと思っていたことがやってみたらできて、業績は下がっていない。幸せ度も上がった。もう働き方は戻らない」と言っています。コロナは収束するときがいつか来るでしょうが、人の意識はもう戻らないのです。

時間と場所の意識が変わった！

しかしこの意識の変化は今起きたことではありません。２０２０年にコロナで変化が強制的に加速度を増しただけです。２０１６年に私も有識者議員として参画した内閣官房「働き方改革実現会議」が始まり、２０１７年には「働き方改革実行計画」を策定。２０１９年４月には日本初の残業上限をはじめとする働き方改革関連法が施行。月45時間以上の残業は原則禁止で、年間３６０時間という残業上限が課されました。

このように、すでに多くの企業が「業務効率化」「長時間労働是正」に向けて動いていました。ＩＴ関連のセミナーはＲＰＡ、ＡＩ一色となり、**「いかに長時間戦って勝つか」から「いかに労働生産性を高めて勝つか」の勝負となっていきました。**

コロナ前の総務省「労働力調査」で見ると、週労働時間が60時間以上の労働者（長時間労働者）の割合は、２０１８年は６・９％と低下しています（前年は７・６％）。しかし時

7　一般社団法人 営業部女子課の会「コロナ時代のモノの売り方〜営業職のテレワーク〜」アンケート

間コストの意識は上がっているが、「業務効率化」は進んでいないという調査結果もありました。いずれにせよ、働き方改革の法改正による半ば強制的な措置により、「時間」に関しての意識は確実に高まっていました。

そして2020年4月には中小企業も働き方改革関連法の対象となり、また各社「オリパラ対応」のために「テレワーク」の拡大を準備している最中に起きたのが、新型コロナ肺炎によるパンデミックだったのです。それまではテレワーク制度はあるものの、「限定的」な制度設計であったり（月2回などの制限あり）、あるいは一部の人のための制度であったりして（育児介護などの理由などが必要）、なかなか拡大が進みませんでした。

当時のリクルートワークス研究所の調査には、「テレワーク制度の導入や適用には、セキュリティなどの環境整備にかかる導入コストや評価などのマネジメントにおける課題などがあり、導入や適用の拡大には、時間を要する」と書かれていました。[8]

しかし、緊急事態宣言下で、経営者から管理職、一般社員まで全員が「リモート」を体験したことで一気に変わりました（図1-4）。さながら壮大な「実証実験」をしたも同然です。さらに、課題とされていたリモートワークの懸念点もそのほとんどが払拭されました。たとえば、

・オフィスにいないとマネジメントができない
↓できないマネジャーはそれ以前もちゃんとマネジメントしていなかった。一方、コミュニケーション上手なマネジャーはリモートでも問題なかった

・テレワークだとサボる人が出てくる
↓テレワークでサボる人はオフィスでもサボっていた

・そもそもハンコや紙がベースでテレワークができない仕事
↓働き方改革でペーパーレスによる効率化、データの共有化ができている企業は大丈夫だった

・テレワークができない仕事の人もいる。不公平だから全員やめよう
↓出社しなければいけない現場とはコミュニケーションをとりやすくし、出社手当などで社員の満足度を高め、全員にスマホを支給するなど、情報共有をやりやすくするなどの施策で対応できた

8　リクルートワークス研究所「Works Index 2019 Index Ⅲ ワークライフバランス」

・クリエイティブな仕事はリモートでは無理
↓ワイガヤが必要な仕事もあるが、リモートでもできないことはない

このように、コロナ以前に「テレワークをやらない理由」として挙げられていたものはだいぶ払拭されました。

これによって働き方改革で「時間」に対する意識が変わった我々は、次に「場所」に対する意識を変えることにも成功したのです。これには大変大きな意義があります。

しかしそうはいっても、初動は大混乱でした。理由は2つあります。1つは、「経営者から管理職、一般社員に至るまで全員がテレワークを長期間やったこと」。もう1つは、「家庭において『仕事と家庭の両立』を行ったこと」です。

今まで経営層、管理職層まで全員が一斉に「テレワーク」をすることはなかったので食わず嫌いが多かったのですが、全員が経験することで「意外とできる」ことがわかり、変化が加速しました。

さらに今回は休校や保育園の閉園で、お子さんが家にいる中での「テレワーク」が行われるという緊急事態でした。今までの「ワーク・ライフ・バランス」は「家＝ライフ」「外

図1－4　2020年　働き方のパラダイムシフト

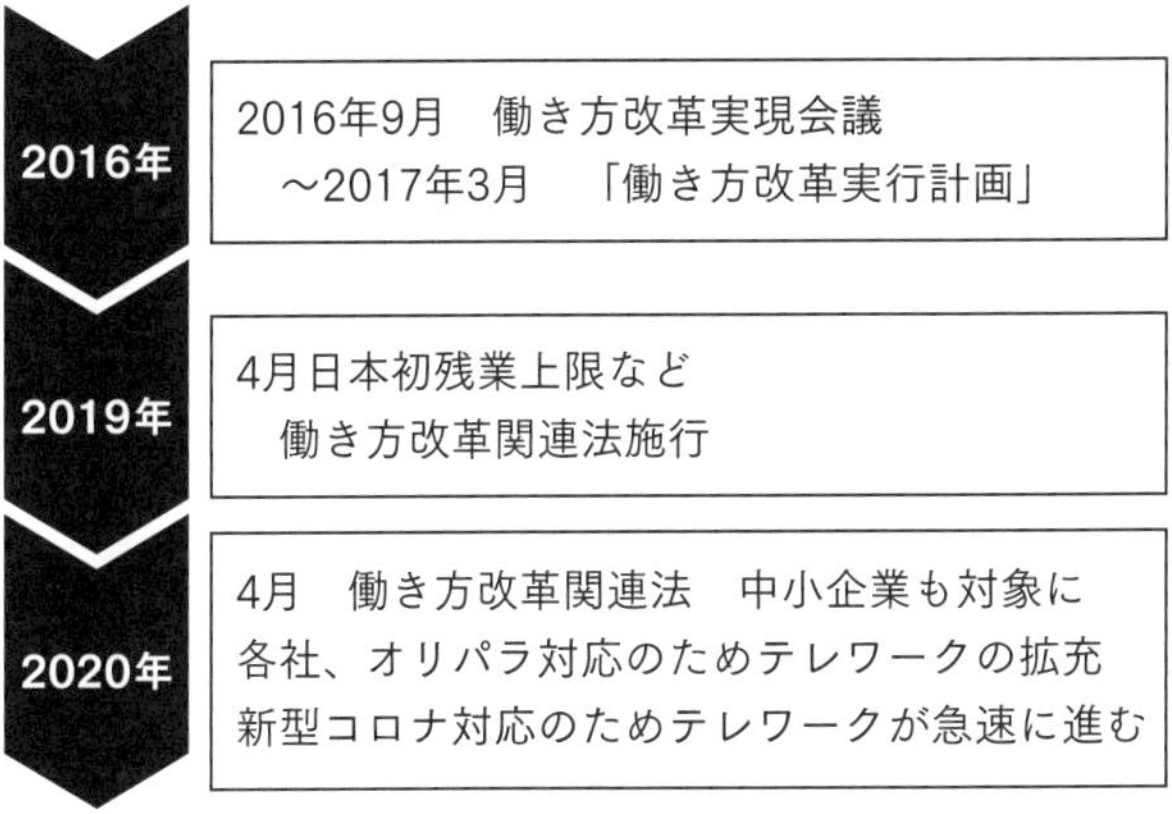

2016年	2016年9月 働き方改革実現会議 ～2017年3月 「働き方改革実行計画」
2019年	4月日本初残業上限など 働き方改革関連法施行
2020年	4月 働き方改革関連法 中小企業も対象に 各社、オリパラ対応のためテレワークの拡充 新型コロナ対応のためテレワークが急速に進む

＝ワーク」と分けられて両者は別々の場所にある前提だったので、様々な問題が表面化しました。

そういう意味では、今回のテレワークは本当の意味でのテレワークではありません。テレワークとは本来「ＩＣＴ（情報通信技術）を利用し、時間や場所を有効に活用できる柔軟な働き方」です。今回は「在宅限定のテレワークで、家庭によってはお子さんや、ケアが必要な要介護者もいる」という特殊な状態でした。したがって今回の体験だけをもって「生産性が上がった」「下がった」というのは時期尚早でしょう。しかし兎にも角にも、**「ほぼ強制的にテレワークを体験した」結果、「意識変容」は着実に進行しました。**

緊急事態宣言後の経営者は会議室にいるか？

そんな中、働き方のパラダイムシフトを止めようとする人たちもいます。そんな抵抗勢力となりがちなのが、「ミドルシニア・シニア層」です。

先日、とあるイベントで一緒になった女性にこう聞かれました。「今後の会社の働き方を決める会議をするとき、幹部は全員会社の会議室にいて、若手の部下はみんなリモートでした。こんな会社ってどう思いますか？」。笑い話のようですが、現実に起きていることです。

特に戸惑ったのはITに疎い人たちです。デジタルネイティブ層ではない、ミドルシニア以上の働く人たち。私もその一人ではありますが、もともとフリーランスでリモートは当たり前の働き方。さらにズームをはじめとした昨今のオンライン会議システムは誰でも使えるほどユーザビリティが高いので、YouTuber用ライトを買い、有線で安定した回線を確保し、自宅からテレビに出たり、講演できるぐらいには慣れました。これも進化したITのおかげです。

しかし、リモートワークに食わず嫌いだった人たちは大変です。ひどい話だと、「社長の自宅にVPN接続のために呼び出される」など、情報システムの人たちの悲鳴が上がる始末。さらに急遽環境がないままテレワークに突入したため、VPNの数が全く足りないなど、滑り出しは大混乱。

しかし徐々にハードの問題が解消され、皆がリモートに慣れてくると、今度はいつまでも「新しい働き方に順応できない人」「新しい働き方では都合が悪い人」の存在が浮かび上がってきました。彼らは「手を動かす成果」は少なく、コロナ前は「会社にきて会議に出るだけ」が日常となっていました。もちろん「コロナ前の働き方」に戻ることを願っています。自分たちの存在意義がなくなるからです。

私もずっとリモートだけで会議していたプロジェクトで、リアルな場での会議をしたときに、急に態度が変わった人を見て驚いたことがあります。リモート会議はある意味フラットな場でもあるので、口数の少ない彼はあまり存在感がありませんでした。しかし彼にとって慣れた空間である会議室でのふるまいは、一変して「権威的な」態度だったのです。リアルとリモートでの様変わりにはとてもびっくりしました。これでは、ある種の「権威」を対面で得ていた人が、リモート空間を嫌うのも無理はないと思いました。

意味がないリモートVSリアルの対立

事実、緊急事態宣言の終結後は、オフィスへの回帰が進行しました。日本生産性本部が20年7月に実施した調査によると、「テレワークの実施率は5月調査の31・5％から20・2％へと減少、オフィスへの回帰が進行した」と報告しています。[9]

一方、パーソル総合研究所の調査では「今後もテレワークを働き方の一つにしたい」「継続したい」という声も大きく、特に20代女性では8割がリモートを続けたいと言っています。[10]

ですから、以前と同じ働き方に全て戻してしまうのは、せっかく壮大な実証実験をしたのに、もったいない。新しい施策の導入は「検討」「試作」「検証」「実装」と進んでいくのですが、今回は「検討」はすっ飛ばしてしまいました。であれば、次は「検証」「実装」の段階に進んでほしいものです。

そもそも私は「リモートが優れている」「いやいや、リアルじゃないと」という議論自体が不毛ではないかと思います。どちらのメリットも生かして、いいとこ取りをすればいいのです。

そのためには、テレワークにおける課題の整理をする必要があります。その一つが、それが「ハード系の問題なのか、ソフト系の問題なのか」という視点です。

デバイス、通信環境、セキュリティ、電子印鑑といったハード系の問題は企業がやるべき課題です。しかし、マネジメント、チームビルディング、コミュニケーション、評価といったソフト系の問題については、どうしても現場レベルで検証し、実験し、自分たちのチーム、業務、組織に最適なやり方を探っていくしかありません。

またもう一つ大切な視点として、「その変化はハッピーを生み出すのか、アンハッピーを生み出すのか」にも注目して欲しいと思います（図1-5）。テレワークによるメリットとデメリットを天秤にかけながら、ハッピーな部分はできるだけ大きくなるように、アンハッピーな部分はなるべく小さくできるように施策を打つことが大切と言えます。

9　公益財団法人 日本生産性本部「第2回 働く人の意識調査」2020年7月21日
10　パーソル総合研究所「第4回・新型コロナウイルス対策によるテレワークへの影響に関する緊急調査」

新たなオフィスの役割

……社長は会議室にはいない

私はテレワークについて、緊急事態宣言中に2人のトップと対談しました。サイボウズ代表取締役社長の青野慶久さんとドワンゴ代表取締役社長の夏野剛さんです。2人は共通して「会議室には行かない」けれども「働き方を大きく変えよう」としていました。また、リモートとリアルの「ハイブリッド型」の働き方を目指しています。**リモートとリアル、どちらにも価値がある。その価値を最大限に活かすのが「ハイブリッド型」の働き方です。**

10年前からテレワークを実施している青野社長は、対談時にこう言っています。[11]

「コロナ前までは私自身は出社していて、会議では会議室に人を集めて、そこにリモートの人はリモートで参加してもらうというやり方をしていていた。そうすると、会議室の中にいる人とリモートの人とで、情報に差が出てきてしまう」

「全員が一律テレワークになったら、これまでリモートで繋いでた人から『私にとっては

図1－5　ハッピーとアンハッピー

ハッピー	アンハッピー
・家族との時間が増える	・子どもとペットに「勤務」は理解できない
・ペットと一緒にいられる	・孤独
・通勤の苦痛が消える	・長時間労働になったり、メリハリがつかない
・無駄な会議が減る	・プロセスが評価されているか不安
・通勤や移動の時間が無くなり、その分の時間を有効に使える	・生産性が低くなった（自分の裁量が少ない仕事）
・生産性が高くなった（自分の裁量で解決する仕事）	

大変働きやすくなりました』と言われました。うわ、働きにくい原因を作っていたのはオレかと反省して、会議は基本オンライン開催にして、出席者間の情報格差を失くすようにしました」

会議室に社長がいれば、自然と「リアル」と「リモート」の格差ができます。これは単純にやりにくさを与えるだけでなく、**リアル組（メイン）とリモート組（サブ）のような分断を生む可能性もあります。**分断（フォルトライン）は、組織にとって有害でしかありません。このようなレベルでリモートワークのソフトな問題

11　Yahoo!ニュース 個人（白河桃子）「あのサイボウズでもテレワークは苦戦した？　＃コロナ禍の働き方　前編」2020年8月13日

は扱わなければならないのです。
ドワンゴ代表取締役社長の夏野剛さんも、リモートになった利点は大きいと言いつつ、「自分が会社にいたとしても自分の部屋からオンラインで会議に入る」と語っています。[12]

「オンライン会議では『忖度（そんたく）』ができないんですよ（笑）。リアルに対面した会議だと、社長である僕が何か意見を言ったときに、皆は僕の顔色を観察しているわけです。ニコニコしながら言っているのか、真面目な顔で言っているのか、はたまた他の人はどういう反応をしているのかというのを、皆がうかがいながら賛成・反対を決めている。オンライン上ではこの『空気を読む』という行為ができないので、結果、『空気を読まない発言』が増える。これがとてもいいなと思っています」

さらに夏野さんは、コロナで一気に働き方が変わったことについてこうも言っています。

「コロナは人類にとって大きな試練であることは間違いないのですが、日本社会がこの20

年の間で蓄積してきた『IT化によって省けるはずなのに手をつけてこなかった無駄』を一気に洗い流していくチャンスです」

たしかにコロナによって「一番効率と生産性の高い仕事環境」を模索する動きは強まりました。コロナ下の企業を見ると、リアルのオフィスに「どのような機能があれば一番生産性に貢献するか？」という観点で改装を急いでいる企業も見受けられます。サテライト拠点を増やすところもあれば、会議室はなくしたという企業もあります。いずれにしても**「リモートの価値」だけでなく「リアルの価値」が改めて見直されている証拠です。**企業によってその対応は様々ですが、各社が「自分の企業にあった働き方」を模索している最中です。

さらにここまで「抵抗勢力」として語ってきたミドルシニア層にも、変化の兆しは着実に表れています。日本生産性本部の20年7月の調査によると、同年5月から7月にかけて、生産性や満足度が全体的にポイントが高くなったことに加え、反対派と思われていた

12　白河桃子「解除後も全社員が在宅勤務　光熱費も支給するドワンゴ」ＮＩＫＫＥＩ　ＳＴＹＬＥ　ＷＯＭＡＮ　ＳＭＡＲＴ内連載「すごい働き方革命」２０２０年6月16日

50代や管理職でも、「今後テレワークを続けたい」と答えた人が9割近くもいたのです（図1－6）。[13]

人は新しいものには必ず慣れる。そして一旦慣れれば、そのメリットを享受したいと思うのです。

ＩＴ化からＤＸへ

さらにコロナ後の「働き方のパラダイムシフト」には、今までの「働き方改革」に加えて、ＤＸ（デジタルトランスフォーメーション）改革も必要となります。ＤＸとは、「データやテクノロジーによる組織・ビジネスモデルの変革」で、以下のように定義されます。[14]

「企業がビジネス環境の激しい変化に対応し、データとデジタル技術を活用して、顧客や社会のニーズを基に、製品やサービス、ビジネスモデルを変革するとともに、業務そのものや、組織、プロセス、企業文化・風土を変革し、競争上の優位性を確立すること」

図１－６　テレワークを行いたいか（50代男性、管理的仕事をしている社員）

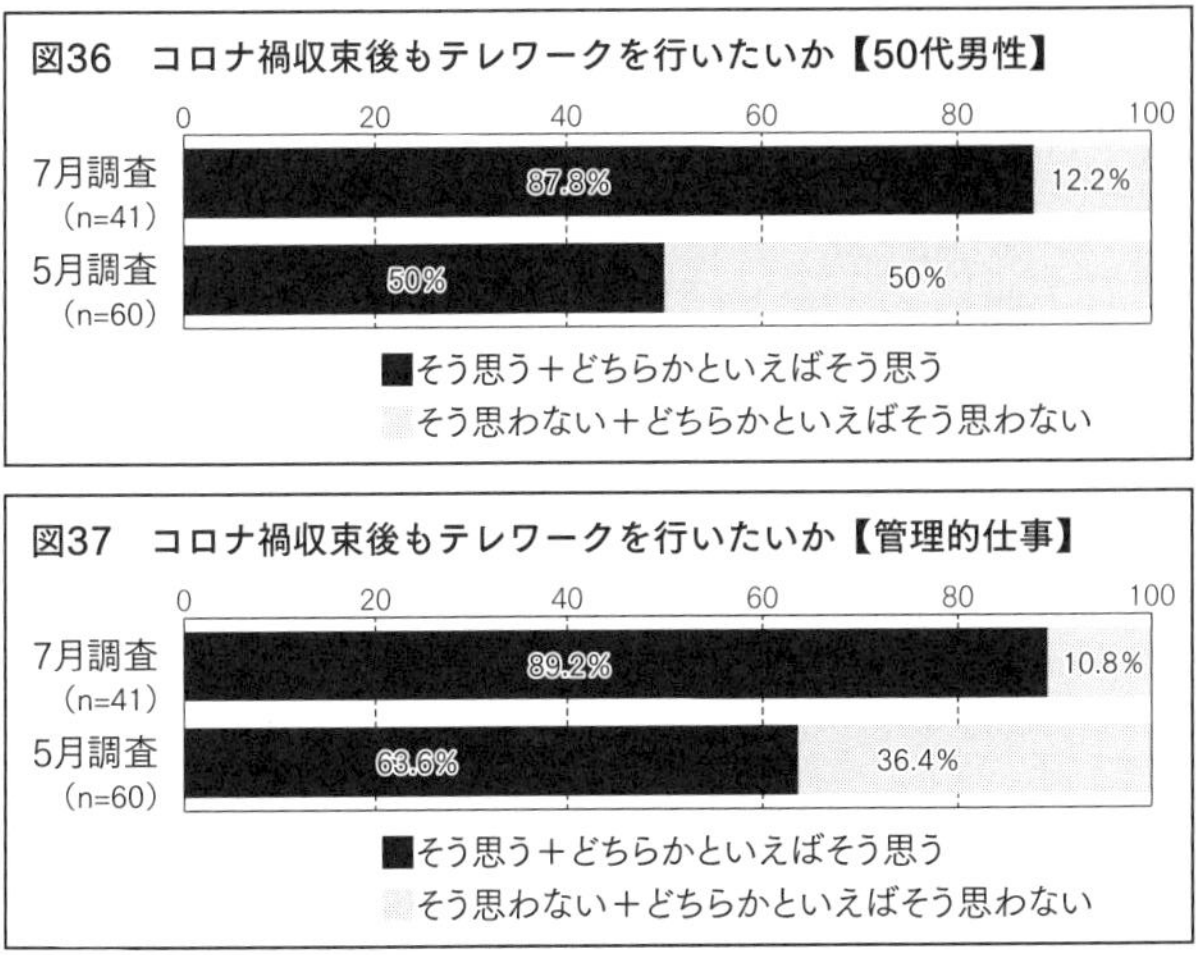

出所）公益財団法人 日本生産性本部「第２回 働く人の意識調査」2020年７月21日

つまりＤＸとは、働き方改革における業務効率化のためのＩＴ化ではなく、組織やビジネスモデルの変革までに関わる大きな概念なのです。具体例としては、次のような変化が挙げられます。ビジネスモデルが変わるところには、デジタルが欠かせません。

・対面販売
↓コンビニ（セブン‐イレブン）が
対面販売＋配送業に進出

13　公益財団法人 日本生産性本部「第２回 働く人の意識調査」２０２０年７月21日

14　経済産業省「デジタルトランスフォーメーションを推進するためのガイドライン（ＤＸ推進ガイドライン）Ver.1.0」２０１８年12月

・旅客輸送

↓タクシーが旅客輸送＋配送に進出（規制緩和で配送業も可能に）

・観光

↓ホテルなどが観光＋仕事＝「ワーケーション」を目的とした施設活用を推進（観光が難しい地域がビジネス利用に活路を見出す。テレワーク設備の完備など）

・エンタテイメント

↓リアルな舞台＋ライブのステージの配信を組み合わせる（韓国のＢＴＳが２０２０年10月に行った有料オンラインコンサート「ＢＴＳ ＭＡＰ ＯＦ ＴＨＥ ＳＯＵＬ ＯＮ：Ｅ」は、世界１９１カ国で約99万３０００人に視聴され、売り上げは約46億円台にものぼった）

このように時代の流れに合わせて、テクノロジーなどを駆使してサービスをアップデートできるかどうかで、企業の未来は大きく変わります。コロナで危機を迎えたビジネスも、新たな地平を切り拓いていくものとそうでないものに二極化しようとしています。

以上、本章で語った変化をまとめると、私は今後の働き方は図１－７のように変わって

図1－7　働き方はどう変わる？

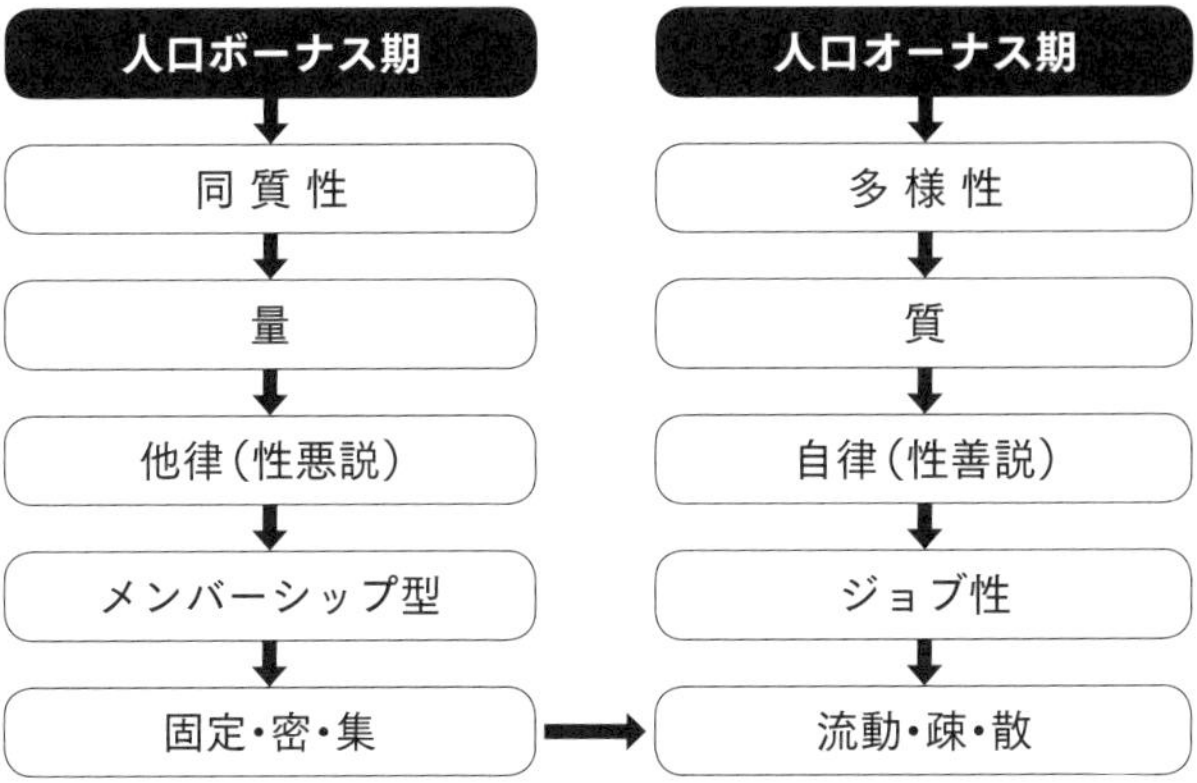

いくと考えています。同質性の高い職場から多様性のある職場へ。量よりも質を優先する考え方へ。他律ではなく自律する働き方へ。メンバーシップ型雇用からジョブ型雇用へ。決まった場所で密に集まって仕事をする環境から、流動的に場所を変えて、それぞれの場所で仕事をする環境へ。

第2章では、こうした昨今の働き方改革の流れを踏まえて、ミドル活用をどうとらえていけばいいのか、について考えていきましょう。

第2章

「働かないおじさん」はこう変える！ミドル活用の「新常識」

働き方改革を阻むのは「おじさん」である

２０２０年はコロナによる「働き方のパラダイムシフト」が起きた年でした。しかしそれ以前の２０１９年4月に、働き方改革は新たな転換点を迎えていました。「働き方改革関連法」が順次施行され、働き方の常識が大きく変わったからです。

法改正のポイントは、「時間外労働の上限規制」が導入されたこと。原則として「月に45時間、年に３６０時間」を上限とし、臨時的な特別な事情がある場合でも年に７２０時間、単月で１００時間未満、複数月平均で80時間を限度とするよう定められました。他にも年休5日の取得義務、正規・非正規雇用労働者間の不合理な待遇差を禁止することなどが盛り込まれています。

何と言っても大きなことは、これは日本初の「残業の上限」が示された法律だということです。これまでは大臣告示で法的強制力がなかったものが、罰則付きの上限として法律に格上げされたのです。上限規制に違反した企業は、「６ヶ月以下の懲役または30万円の罰金」が科せられます。

私は政府の「働き方改革実現会議」の有識者議員でした。一貫して「長時間労働の是正」と「時間外労働の上限規制」を提言し、志を同じくする仲間とロビイングもしてきました。これまでは事実上の青天井だった労働時間に初めて法律で上限が定められたことは、働き方改革がまた一歩大きく進むきっかけになりました。

日本企業の働き方改革は、「時間から成果へ」という意識の転換や業務の効率化、デジタル化を促進しました。先進的な取り組みによって、筋肉質の組織風土に変わり、効率的に成果を出している会社もありますが、そうした会社はまだ一部です。

私は著書『御社の働き方改革、ここが間違ってます!』(PHP新書)で、先端事例を紹介しながら働き方改革の好事例を提示しました。今も企業から依頼を受けて、年間で100回ほど働き方改革について講演もしています。

数多くの企業に足を運ぶようになって、新たに気づいた課題があります。**それは、働き方改革における最大のハードルは「おじさん」である、**ということです。具体的には、45歳以上のミドルシニア層を指します。

日本の大企業の人員構成を見ると、「45歳以上の男性」が圧倒的多数を占めています。

バブル期に大量採用された社員たちが65歳まで働くためです。女性の新卒採用は2016年の女性活躍推進法以前は少なく、出産や配偶者の転勤で退職する人も多いため、ミドル以上の女性は数が少ないのです。

ワークライフバランス、女性活躍を含めたダイバーシティの推進など、企業を変える試みは今までもありましたが、それは育児中の女性など、一部の人に向けたものでした。しかし働き方は、社員全体に向けたものです。したがって、働き方改革は組織の文化や風土を変えないことには成功しません。

この風土改革の成功のカギを握るのは、最大のボリュームゾーンである「ミドル社員の活躍推進」ではないか。私はそう考えるようになりました。なぜなら、伝統的な日本型企業の経営者や人事の方と話していると、必ずといっていいほど「ミドル社員、シニア社員をどう変えればいいのか」という話題になるからです。

ある大手製造業の社長は、「中堅以上のエンジニアは古い技術のままアップデートしないので、新しい技術に適応できない」と嘆いていました。ある会社の人事は、「いくら残業を減らそうとしても、40代や50代の社員は『家に帰ってもやることがない』と言ってオフィスに残ろうとする」とぼやいていました。

さらに、ある会社の働き方改革推進担当の女性は、「うちの会社にいるおじさんたちは、朝会社に来て、適当にパソコンを打っていれば給料がもらえた時代の人たちなんです。だからあの人たち、『生産性ってナニ?』って感じなんですよ」とも言っていました。身も蓋もない言い方ですが、若い世代から見ればこれが本音なのでしょう。

「高度成長期に発展した、45歳以上の男性が多い会社」を、私は「昭和レガシー企業」と名付けています。ミドルシニア社員の働き方について課題を抱えているのは、ほとんどがこのタイプの会社です。変化を促す仕組みやルールを導入するとき、最大の抵抗勢力になるのもこのミドルシニアたちです。

しかし、企業の定年が65歳に延長され、2021年4月から70歳までの就労機会確保が企業の努力義務となる改正高年齢者雇用安定法(通称「70歳就業法」)が施行されます。今45歳の人なら、あと25年働く計算です。「変化に対応しない」で25年は、企業としても困ります。

またミドルシニア側の視点でも、変化は必要です。70歳就業法は、あくまで努力義務であり、企業側は65歳までの雇用確保措置だけでなく、創業支援措置と呼ばれる非雇用の形態――具体的には、①業務委託契約を結ぶ、②社会貢献事業に従事するといった選択を取ることができます。これは「65歳以上になると、より幅広い働き方が必要になるから」という理由で設けられている措置ですが、企業によってはコスト削減のために、非雇用の形態である業務委託契約を結ぶ可能性もあります。もしそうなった場合、あなたは、65歳からどんな業務委託契約ができるでしょうか？　そこまで考えておかないと、70歳まで今の会社にいることはできないかもしれません。

経団連やトヨタが「もう終身雇用は維持できません」と、お手上げになってしまった今、このまま会社にしがみつけない可能性はとても高い。外に出て行くことも考えなくてはいけない。社会のためにも個人のためにも、ミドルシニア男性たちこそ働き方改革で活性化し、活躍してもらわないといけないのです。

おじさんをおじさんにした「日本型メンバーシップ雇用」

繰り返しますが、私はミドルシニア社員個人を悪者にするつもりはまったくありません。むしろ、その逆です。女性については「女性が管理職になりたがらない」「女性の意識や意欲が低い」と言われるたびに「それは構造の問題です」と言ってきました。なら男性にも同じ課題があるはずです。

ミドルシニアはなぜ「おじさん」になったのかを考えると、「日本型組織がおじさんを作り出した」のです。悪いのは彼らではなく、昭和レガシー企業が抱える構造的な問題にあるのです。

その第一の理由が、「日本型メンバーシップ雇用」だと私は思っています。欧米の「ジョブ型雇用」に対して、日本は「メンバーシップ型雇用」と2類型を定義したのは濱口桂一郎氏です。まずは定義を見てみましょう。

○メンバーシップ型雇用

職務（ポスト）を限定しない雇用契約、無限定雇用。企業が採用し、人事権も賃金を決めるのも企業。辞令一つで全国に異動する。長期雇用（終身雇用）、年功序列型の賃金、企業別組合制度。新卒一括採用で、一律に「管理職人材」として競争する。

○ジョブ型雇用

職務（ポスト）に対して、契約して雇われる。仕事の内容や賃金は職務によって決まる。職務給。ポストの数は決まっていて、そのポストに賃金がついている。賃金を上げたければより賃金の高いポストに転職する。ポストがなくなると失職する。

つまり、メンバーシップ型雇用とは、新卒からヨーイドンでスタートし、明確なキャリアプランはなく、どんな仕事をするか、どこに住むか、何時間働くか、という全てが「無限定」で会社次第。その代わりに「長く勤めると給与が上がる」仕組みです。したがって、夫の転勤で妻が仕事をやめると一家の大黒柱は一人だけ。長時間労働になろうが、理不尽なパワハラにあおうが、何があってもやめられない。**つまり、「家庭」も「会社」も「キャリアの選択」なんて許してくれないわけです。**

最終的には、会社にとって都合がいい「同質型の企業戦士」の出来上がり。一斉にスタートして競争しても、段々と同期との勝負の結果が見えてくると、負け組は当然モチベーションも落ちます。でも大黒柱なのでやめられない。気がつけば「社内スキル」はあっても、他社では通用しない人材になっている。せめてなんとか会社にしがみついて定年まで何事もなく過ごしたい。こうして「働かないおじさん」となっていくわけです。

「働かないおじさん」はまだまだ美味しいポジションです。「2019年度ホワイトカラー職種別賃金調査」（「労政時報」第3986号）によると、「『部下なし管理職』がいると回答した企業は、全産業の63・9％にものぼる。このうち36・4％の企業で、部下のいる管理職と部下のいない管理職とで待遇差がついているが、年収差は7～8％程度で、大した差ではない」といいます（新志有裕「なぜ日本企業に『働かないおじさん』が生まれてしまうのか　変化のカギを握るのは〝40代〟」文春オンライン2021年1月26日）。

日本型雇用が生み出すのは、「働かないおじさん」だけではありません。変化を拒むのは「粘土層管理職」も同じです。どちらも既得権益がベースにあるので、変化したくないのです。「2020年度ホワイトカラー職種別賃金調査」（「労政時報」第4007号）によると、職位の待遇差は、「年収水準は部長を100とすると、課長80％、係長クラス60％、一般社員40％」とあり、出世しなくても、退職を決意するほどではありません。

今経団連もジョブ型雇用を明言するなど、「ジョブ型雇用」の方がよく見えますが、それほど単純な問題でもありません。本当のジョブ型雇用は「ポスト」がなくなれば整理解雇があります（欧州では国の規制や企業横断型の労働組合があり、整理解雇は簡単ではない）。

日本企業が本格的な「ジョブ型雇用」へ移行するためには、いくつも壁があります。私は、「金銭解雇」の制度が確立されないと難しいと見ています。雇用ジャーナリストの海老原嗣生さんは、「『ジョブ型とはポスト別採用であり、そこから動かせない（=人事権の弱体化）』ということに気づくべきだ。」と言っています。**人事権を手放すつもりのない日本企業では、本当のジョブ型雇用は難しい**ということです。

私は「ジョブ型」を導入する日本企業の多くは、ミドルシニアの給与を抑制したり、本当の管理職と部下なし管理職の給与に差をつける「なんちゃってジョブ型」だと思っています。ただ、若手が「働かないおじさん」の給与に不満を持つことは抑制されそうです。

中央大学大学院戦略経営研究科（ビジネススクール）の佐藤博樹教授は、ジョブ型雇用では「新卒」の若者層が仕事につけないことも指摘しています。濱口圭一郎さんは「ジョブ型への転換は評価制度に留まらず、企業の根本の仕組みを変え、入口である教育制度と出口である社会保障とも連動するなど、社会の仕組みの根幹にも関わってくる」と安易な「テレワークだからジョブ型」という昨今の風潮を戒めます。[1]

海老原、佐藤両氏は「ハイブリッド型」を提言しています。ジョブ型雇用とメンバーシップ型雇用のいいとこ取りです。若手は一括採用で育成し、ある程度までは年功序列の職能給（年功に応じて毎年上がる）とする。経験を積んだ後はキャリアを選択し、ジョブ型の職務給に移行するというものです。そうなれば、「生産性∧賃金」で、ポストがないのにやたら給与が高い「働かないおじさん」はいなくなり、若手の不満もある程度解消するでしょう。

「同質性」から「多様性」の時代へ

メンバーシップ型雇用の最大の特徴は、「メンバーの同質性の高さ」にあります。これは、かつての企業からすれば大きなメリットでした。昭和の製造業モデルと、仕事の内容も働く時間も場所も問わない「無限定な働き方」をしてくれる人材は、とても相性がよかったからです。

昭和の高度経済成長期から1990年ぐらいまでは、生産年齢人口が多い「人口ボーナス期」でした。このステージでは、モノを大量に生産すればするほど売れるので、同質性の高い人材が量産されました。「長時間労働が可能で体力のある男性が外で働き、女性は

1　産経新聞「間違いだらけの『ジョブ型』議論、成果主義ではない…第一人者・濱口桂一郎氏が喝！」２０２０年10月14日

家事や育児をワンオペで担う」家庭が一般的になっていきました。

その結果生まれたのが、「同質性の高いおじさん」です。彼らに共通するのは、以下の性質です。

・男性、仕事や会社が最優先で、24時間いつでも仕事可能
・一家の大黒柱で、家事育児は奥さん任せ
・辞令があればどこへでも転勤可能。単身赴任もOK
・新卒から一緒に働いてきた「同期」が多く、内部特化型スキルに長けている

しかし90年代以降は生産年齢人口が減少し、養う人より養われる人の方が多い「人口オーナス期」に突入しています。これまでのようにモノを大量に生産しても売れないので、企業はより付加価値の高い商品やサービスを「イノベーション」によって生み出さなければ生き残れなくなりました。

イノベーションを生み出すために必要なのは、同質性ではなく「多様性」です。多様性の中から大量生産ではない魅力ある高付加価値のものが生まれます。日本企業の多様性を高めるには、これまで活用されてこなかった女性の力が不可欠なので、ワンオペ育児からパートナーと共に育てるチーム育児へ、男性だけが稼ぐあり方から共働きへと、移行していく必要が出てきました。

つまり、**「働き方改革」は「暮らし方改革」でもある**のです。プライベートや家庭のあり方まで会社に合わせてきた「同質性の高いおじさん」だけでは、もはや企業が勝てない時代になったのです。もはや彼らは、「イノベーションを生み出せず、人件費も高く、成長もしない人材」となってしまいました。

こうした流れを見れば見るほど、日本の企業が「同質性の高いおじさん」を生み出したことは明らかです。それなのに、今になって彼らを悪者扱いするのは、あまりに無責任だと思います。企業の経営者や人事には、「社内のおじさんたちにいかに生き生きと働いてもらうか」を、今こそ真剣に考えていただきたいのです。

「働かないおじさん」の6つのリスク

ここからは、「おじさんが変化しないことのリスク」を、組織と個人の両面から検証してみることにします。ここでは主にその6つのリスク——組織に与える4つのリスクと、個人に与える2つのリスク——に整理して、一つずつお話ししていきたいと思います。

○組織のリスクその1：イノベーションの停滞

企業の勝ちパターンが「モノの大量生産」から「高付加価値を生み出すイノベーション」へ変化したことはすでに説明しましたが、この変化に取り残されると企業のビジネスにどう影響するのか、テレビを例にとって考えてみます。

昭和の頃は、品質の良いテレビをとにかく大量に作れば売れていきました。ところが今、若い学生たちは「テレビなんて持ってない。見たいときはスマホで見ます」と言います。テレビ業界で働くワーキングマザーと話したときは、「テレビなんてもうオワコンですよね。うちの子、YouTubeしか見ませんよ」とまで言っていました。

そう考えると今、テレビを製造している企業がやるべきことは、**「人々はどんなデバイスでテレビ番組を見たいのか？」「そもそもテレビ番組ではなく他のコンテンツが見たいのでは？」**といった根本的な問いかけです。今の時代に、どんな価値を提供できるかを考えることです。

ところが、こうした根本的な問いかけにつながる若者やワーキングマザーの声は、企業の上層部には届きません。なぜなら、組織で意思決定しているのは「同質性の高いおじさん」の集まりだからです。彼らは「良い物を作れば売れるはず」という過去の延長線上で考えがちです。

本来なら、若い世代や女性も含めた多様な人材が、忖度することなく意見を戦わせることで初めてイノベーションが生まれますが、それらは日本型組織の会議ではほとんどみられない光景です。

○組織のリスクその２：生産性の低下

一つめのリスクに関連して発生するのが、「生産性の低下」です。ライフネット生命の創業者であり、働き方に関する提言も積極的に行っている立命館アジア太平洋大学学長の出口治明さんは、海外に比べて日本企業の生産性が低い理由について、製造業のような「工場モデル」と発想力を競う**「サービス産業モデル」**との違いを指摘しています。[2]

2　白河桃子「出口治明氏『メシ・風呂・寝る』から『人・本・旅』へ」ＮＩＫＫＥＩ　ＳＴＹＬＥ　ＷＯＭＡＮ　ＳＭＡＲＴ内連載「すごい働き方革命」２０１７年８月23日

工場モデルでは、朝から夜遅くまで休むことなくベルトコンベアーを稼働させる人が高い生産性を上げます。一方、のんびりと休みながらベルトコンベアーを動かして定時になると帰ってしまう人は、生産性が下がります。これに対し、サービス産業モデルでは、労働時間と生産性は比例しません。出口さんは、こんな例を挙げて説明してくれました。

出版社にAとBという2人の編集者がいたとします。Aは朝8時に出勤し、夜10時まで働きます。昼食も自分の席でとり、仕事に励みます。しかし頭が固くて、いい本を生み出せません。

一方、Bは朝10時くらいに出社したかと思えば、すぐにスタバへ出かけて誰かとおしゃべりします。そのままお昼を食べに出て、会社に帰ってきません。夜は6時になったら飲みに行き、自宅に直帰します。でも、たくさんの人に会ってアイデアをもらうので、ベストセラー本を年に3回は出します。

あなたが出版社の社長なら、AよりBを評価して高い給与を払うでしょう。これが「サービス産業モデル」における生産性です。

「工場モデル」は昭和の大量生産時代の働き方であり、イノベーションを求められる現代の仕事の多くは「サービス産業モデル」に切り替わっています。ところが多くの人は、社員Aのように工場モデルの働き方を続けている。そこに日本企業の生産性が低い原因があると出口さんは言っているのです。

「工場モデル時代は長時間労働で利益を伸ばせましたが、頭を使うサービス産業モデルでは無理です。人間の脳は体重の約2％しかないのに、エネルギーは20％以上使う超高性能エンジンみたいなもの。世界中の脳科学者が、『人間の集中力は2時間ほどしか続かない。一日に2時間×3～4コマ程度が脳の働く限界だ』としています。ところがこの話をすると、50代や60代のおじさんたちは『そんなことはない。自分たちの若い頃は徹夜して働くと達成感があった』と言う。でもそれは、脳は疲れると自衛作用として快感を伝えるホルモンを出しているだけ。生産性とはまったく関係ありません」

長時間労働が生産性を下げることは人間の脳の仕組みから考えても明らかなのに、おじさんたちは過去の工場モデル時代の成功体験を引きずって、「そんなはずはない」と思いたがる。おじさんが働き方改革の最大の抵抗勢力となってしまう理由が、ここにあります。

小売業界でいち早く働き方改革に着手し、社員一人当たりの残業時間をほぼゼロまで削減した丸井グループの青井浩社長も、まさに同様の指摘をしています。自身もかつては長時間労働を強いられる環境にいた青井社長は、こんなエピソードを語ってくれました。[3]

「私が営業担当の取締役だった頃、毎週午後3時から夜10時まで夕食もとらずに行われる営業会議がありました。バブル崩壊後に急落した業績をどうすれば回復できるかと議論を繰り返しましたが、業績は悪化するばかり。そんなある日、食事も取らずに頭がもうろうとする中で、ハッと気づいたのです。『いつも同じおじさんばかりが集まって、延々と意味のない議論をしていること自体が、業績が回復しない最大の原因なのではないか』と」

青井社長は、これが働き方改革に力を入れようと誓った瞬間だったと述べています。

会社の経営や営業の方針を決める重要な会議は、まさに脳をフル回転させなくてはいけない知的労働です。それを朝から晩までベルトコンベアーを稼働するかのように休みなく続けても、生産性が上がるはずはありません。

○組織のリスクその3：不祥事の発生

同質性の高い組織は、不祥事が起こりやすいという特徴があります。全員が上に忖度する、上意下達が大好きなカルチャーでは、「これはちょっとまずいんじゃないか？」と思う人がいても、それを口に出せない空気が醸成されてしまうからです。

最近は、官僚による文書改ざんや不正統計、収賄やセクハラなどの不祥事が相次いでいますが、これも霞が関の官公庁が典型的な「同質性の高い組織」であることが根本原因です。元厚生労働省事務次官の村木厚子さんも、著書『日本型組織の病を考える』（角川新書）で、次のように霞が関の同質性を指摘しています。[4]

「霞が関の組織には権力や権限がある。正義や公のために立派な仕事をしているというプライドもある。機密情報を扱うために、情報開示が少なく外部の目が届きにくい。失敗や間違いが許されない。よって、不祥事を起こしやすい組織になってしまっているのだ」

官公庁を例に出しましたが、昭和レガシー企業も事情は同じです。日本を代表する大企業であるはずの組織で、データ改ざんや不正検査、不適切会計にセクハラ・パワハラと、不祥事の発覚が後を絶ちません。不祥事を起こす企業に共通するのは、上下関係が絶対の縦型組織であることです。上には絶対逆らえないという文化が不祥事を誘発します。

いったん不祥事が起これば、企業イメージも株価も低下し、経営に大きな損失を与える

3　白河桃子「『残業とおじさんは嫌い』が改革の原点　青井丸井社長」ＮＩＫＫＥＩ　ＳＴＹＬＥ　ＷＯＭＡＮ　ＳＭＡＲＴ内連載「すごい働き方革命」２０１８年２月14日
4　村木厚子（２０１８）『日本型組織の病を考える』角川新書

リスクがあります。それを回避するには、多様な考えや価値観を持つ人が、色々な意見を自由に言い合える組織にしなくてはいけません。

では、そのために何が必要になるのでしょうか。そのヒントはグーグルにありました。グーグルでは、人事関連の意思決定や問題解決に「ピープル・アナリティクス」と呼ばれるデータ分析の手法を用いています。その担当チームが「効果的なチームの5条件」を調べたところ、**「心理的安全性」**が最も生産性を高める項目であることが明らかになりました[5](図2－1)。

グーグルのピープル・アナリティクスグループのシニアマネジャーであるキャサリン・ディカスさんによれば、心理的安全性とは**「チームメンバーがリスクをとることを安全だと感じ、お互いに対して弱い部分もさらけ出すことができること」**と定義しています。例えば誰かがミスをしたときに、批判するのではなく、相手を許容し、共に解決に向かえるような精神的安心感を持てるチームは「心理的安全性が高い」とされます。

5　白河桃子「グーグルの職場づくり　心理的安全性がチーム力伸ばす」ＮＩＫＫＥＩ　ＳＴＹＬＥ　ＷＯＭＡＮ　ＳＭＡＲＴ内連載「すごい働き方革命」２０１８年９月27日

図２－１　チームの効果性に影響する因子を重要な順に示した図

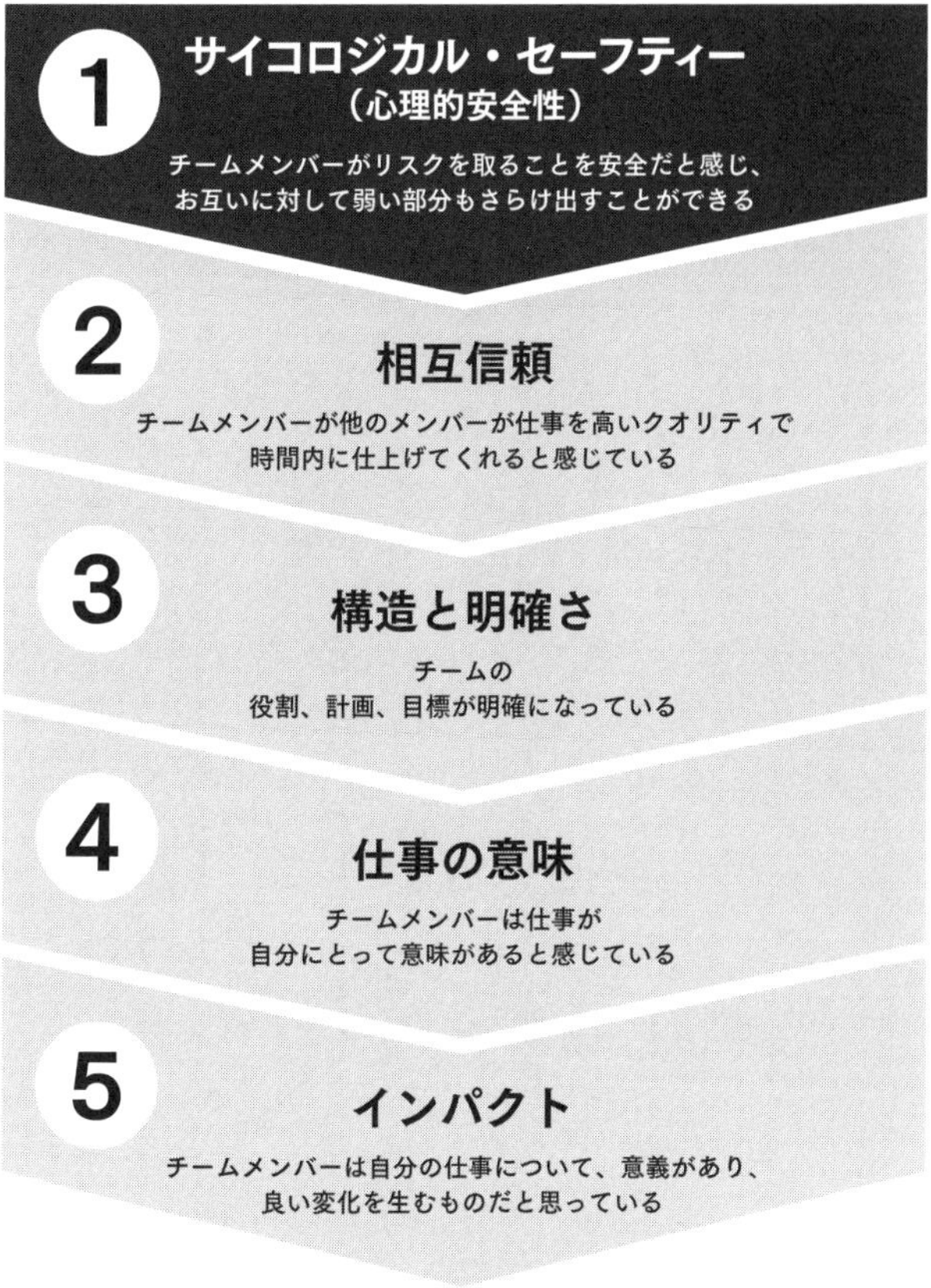

出所）Google re:Work「ガイド：『効果的なチームとは何か』を知る」

心理的安全性が高い組織では、「それはおかしい」と思うことがあれば、相手が上司や役職者でも指摘することができます。成長につながるチャレンジもできます。さらに、心理的安全性はルーチンワークとイノベーションの両方に効きます。ルーチンワークでは「改善」が起き、イノベーションを求められる部署ではこれまでになかったアイデアの創発が起きるのです。

ところが序列意識が強く、上の言うことには絶対服従のおじさんばかりの組織では、「チャレンジして失敗するとマイナスだから、チャレンジしないで無難に過ごす」という意識になりがちで、企業の成長は止まってしまいます。

また、近年の広告関連の炎上事件やセクハラも、多様性と心理的安全性が欠如しているから起こる問題です。2020年だけでも「タカラトミー」「アツギのタイツ」などの企業公式ツイッターが炎上しました。私もよく「この広告は大丈夫ですか」と意見を聞かれます。しかし私に聞くまでもなく、社員のなかに「これはまずい、炎上しそう」と思っている人は必ずいるはずです。要は多様な人が多様な意見を言える組織になっていないから、事前に防げないのです。

2018年に百十四銀行の会長がセクハラで辞任しましたが、その理由は「取引先との会食に担当者ではない女性行員を同席させた上、不適切な行為を止めなかったため」でした。会長本人は指摘されるまで自分がセクハラ行為をしている認識はなかったでしょう。かつてはどの企業もやっていたからです。しかし現在は、倫理的にもコンプライアンス的にも完全に「アウト」です。そのことを会長も周囲にいるおじさんたちも知らなかったのでしょうか？

でも、若い行員や女性行員たちは知っていたはずです。もし組織に心理的安全性があれば、「会長、それはもうアウトですよ」と教えてくれる人が出てきて、この不祥事も起こらずに済んだでしょう。

○組織のリスクその4：優秀なイノベーション人材がトップになれない

同質性の高い組織では、本当に優秀な人材は出世できません。先ほど説明した通り、心理的安全性が低く、一度でも失敗すると上に行けない組織では、「チャレンジもしないし、上に対して異論も反論も言わない」という、ことなかれ主義の人が出世するからです。

しかし、**人口オーナス期に必要なのはイノベーションを推進できる経営者です**。チャレンジをしなければイノベーションは生まれません。今まで誰もやらなかったことにトライし、失敗と改善を繰り返すことでしか新しい価値は創出されないのです。失敗をしたことがないまま出世した人は、トップになっても失敗を嫌います。それでは、今の時代にビジネスで勝つことはできません。

組織の成長を牽引できるトップを輩出できない同質性の高い組織は、時代に取り残されて衰退していくしかないというリスクを抱えているのです。

以上が「おじさん」が組織に与える4つのリスクでした。一橋大学教授の沼上幹氏らによる著書『組織の〈重さ〉 日本的企業組織の再点検』（日本経済新聞出版）では、時代の変化に応じた経営政策の転換やイノベーションのための投資を阻害し、非合理的な経営戦略を創出する組織を「重い組織」と名づけ、組織の重さを構成する要因を4つにまとめています。

1つめが「過剰な『和』志向」。反対意見が出ることを敬遠し、変化を嫌って現状維持への志向が強くなる。

2つめが「内向きの合意形成」。顧客や競合企業より、組織内部の事情を優先する。

3つめが「フリーライド（ただ乗り）」。社員の多くが責任を取らず、自分のチームの仕事でも他人事のように考える。

4つめが「経営リテラシーの不足」。経営に関する基本的な考え方を理解していない管理職が多く、的外れな方向に組織が動く。

おじさんがそのままでいることが企業の経営にまで多大な影響を及ぼしていきます。生き残りをかけて、組織もおじさん本人も、今変わらなければというギリギリのところに来ています。

おじさん本人と周囲の人が抱えるリスクとは

一方、「おじさん」がそのままでいると、働く周囲の人にも影響があります。ここでは、そんなおじさんが個人に与えるリスクを見ていきましょう。

○個人のリスクその1：若手のモチベーション低下

まずは、「若手のモチベーション低下」です。同質性の高い組織で働く霞が関の30代職員は、モチベーションが低いことがアンケート調査で明らかになっています。

その要因をさらに詳しく調べたところ、上位5つは「業務多忙・長時間労働」「社会への貢献、やりがいが感じられない」「上司等からの支援の欠如」「給与・賞与等の処遇」「上司からの否定的な評価」となりました。

ここで上司に関するものが2つ入っていることに注目です。**若い世代は「働き方改革」と「暮らし方改革」を求めているのに、上司がそれを邪魔するため、部下たちのやる気が下がってしまうのです。**もちろんこれは霞が関に限ったことではなく、昭和レガシー企業でも同様です。

この調査では、30代職員が今後必要と考える支援策として「育児や介護等、家庭の事情に配慮した人事」「今後のキャリア形成に関する上司や人事担当者との面談、意向確認」などが挙がっています。

「俺の若い頃の働き方は〜」という自慢や、「会わないで営業はできない」という決めつけなど、働き方を強制するのではなく、働きやすい環境を作る上司にならなければ、若手のモチベーションは低下する一方です。

○個人のリスクその2：会社におじさんの居場所がなくなる

もちろん、おじさん自身にもリスクがあります。これからの時代、組織の中で居場所を失う恐れがあります。

メンバーシップ型雇用の昇進や昇給は「年功序列」と言われます。勤続年数、年齢に応じて給与があがる人事制度ですが、だんだんにカーブは緩やかになっています。廃止した企業もありますが、2018年でも47・1%(1999年は78・2%)が年齢・勤続給です(日本生産性本部調べ)。

今でも年齢で緩やかには上昇するのは、日本の給与が「役職(ポスト)」だけでなく、職務や職能資格と結びついた複雑な制度だからです。職能資格は職務遂行能力に基づく社員格付けですが、それが「年齢」とともに緩やかに上がっていく。「課長(ポスト)」ではなくても、課長と同等の能力があるとみなす!」というお給料のあげ方です。一方、ジョブ型雇用はポストに給与(値段)がついているというシンプルな仕組みです。

今企業が困っているのは、かつての制度で給与が上がったまま、「ポスト」がない人たちをどうするかです。

出世できないなら転職して活躍の場を見つければいいじゃないかと思うかもしれませんが、話はそう簡単ではありません。**日本企業は昇進の選抜が行われるタイミングが遅く、**

「自分は出世できない」と気づくまでに非常に時間がかかります。昇進に差がつき始めるまでの平均年数は、アメリカが3・42年、ドイツが3・71年に対し、日本は7・85年。入社してから10年近く経たないと、自分は出世できるかどうかの見当がつかないということです。[6]

さらに、昇進の見込みのない人が5割に達する時期は、アメリカが9・1年、ドイツが11・48年ですが、日本はなんと22・3年です。入社して22年も経ってから昇進の見込みがないとわかっても、よほど専門性が高い人か優秀な人でない限り、転職は難しいでしょう。

メンバーシップ型組織の中で積んだキャリアは、「内部特化型キャリア」で、他の組織に移っても通用するポータブルキャリアではないのがつらいところです。転職といえば業界内と思いがちですが、「トヨタにいた人がホンダに行っても活躍できない」というほどカルチャーが違うのです。

ある経営者が山一證券が経営破綻したとき、「これほどの大手で働いていたのならさぞ優秀な人材がいるだろう」と思い、山一證券の元社員をたくさん面接したそうです。ところが彼らは、「○△支店の支店長でした」という肩書きは言えても、「自分はどんな仕事ができるのか」を言える人は誰もいなかった。その姿を見て、「うちの社員をこんな風にしてはいけない。もし会社を辞めても、『自分にはこんな職務経験と専門性があります』と言える人材に育成しよう」と固く誓ったのだと話していました。

このように、同質性の高いおじさんばかりの組織は、若い世代にも、そしておじさん自身にもリスクをもたらします。「おじさんがそのままでいることのリスク」は、もはや誰にとっても他人事ではないのです。

働き方が変わる「3つのシフト」

ここまで、なぜ「おじさん活躍推進」が働き方改革の成功のカギになるのかを解説してきました。最後に、改めて「なぜ今、働き方改革が必要なのか」をまとめます。その理由は、今起きている「3つのシフト」にあります。

1つめは、人権問題です。過労死や過重労働は、日本社会においてもはや見逃せない重

6 小池和男、猪木武徳（2002）『ホワイトカラーの人材形成―日米英独の比較』東洋経済新報社

大な問題になっています。この問題に対処しない企業は、世間から批判を集めることになり、企業価値の低下や優秀な人材が集まらなくなるリスクを抱えることになります。

働き方改革関連法の施行に伴い、労働安全衛生法も改正され、管理職を含めたすべての社員の実労働時間の「客観的な」把握が義務化されました。過労死などの事案において、「この社員は管理職なので何時間働いているのかわからない」という企業の言い訳は通用しなくなります。ちなみに、２０１８年はタイムレコーダーがすごく売れた年だと言います。今まではタイムレコーダーすらなかった会社も多かったのですね。

２つめは、人材不足です。生産年齢人口が減少する中、余った人材はいても、どの企業も「欲しい」人材の確保に苦労しています。欲しい人材とは、エンジニアなど筆頭とする専門性のある人材や、多様性のある人材です。

企業が生産性を高めるには、昭和型の人材だけでは難しい。ここまで見てきたように、メンバーの多様性はリスク管理にもイノベーションにも必要です。デジタルトランスフォーメーションにはもっと必要です。しかし優秀な人材は、「柔軟な働き方」がなければ来てくれません。

今までいくら「多様性」と言ってもそれが実現しなかったのは「多様な働き方」がなか

ったから。いわば、「絵にかいた餅」の状態でした。しかし、コロナ下で働き方の柔軟性や、副業などの雇用スタイルの柔軟性が広がった今こそ、「多様性」を実現する時だと言えるでしょう。

3つめは、デジタルイノベーションの黒船がやってきたことです。急速なITテクノロジーの進化により、ほとんどの企業がビジネスモデルの転換を迫られています。

わかりやすい例が、Amazonとヤマト運輸です。Amazonという黒船が日本に到来したとき、ヤマト運輸は「商品をいつでもお客様の都合の良いときに配達します」という素晴らしいサービスをやっていました。

しかしAmazonのビジネスが成功したことで荷物の取扱量は急増し、ヤマト運輸の配達員たちの過重労働やサービス残業が大量に発生しました。その結果、サービス残業代を支払うことになったヤマト運輸は、業績を下方修正せざるを得なくなりました。

ですが、労働時間の制限があれば工夫が進みます。例えば駅の宅配ロッカーやドローン宅配などは、「あれもこれも誰かに残業してやらせればいい」という社会では生まれなかった新しい仕組みです。「古い働き方のOS」の上に新しいソフトを載せてもバグを起こしてしまうのです。働き方のOSをまずアップデートしないといけません。

この3つのシフトに対応するために必要な「前提」となる視点が2つあります。それは**「人間の時間は有限である」**ことと**「決まった場所や時間に集まらなくても仕事はできる」**ことです。これらの前提に立ってビジネスモデルや会社のあり方から見直さなければ、日本企業はこれらのシフトに対応できず、グローバル競争で負け続けることになるでしょう。

長時間労働のDNAをアンインストールせよ!

働き方改革は「経営改革」です。この問題を経営課題と捉え、経営戦略として働き方を変えていく。これが働き方改革の本質です。ところが多くの企業は、「フリーアドレスのおしゃれなオフィスにしました」「テレワークの制度を導入しました。でも使っているのは社内の一部」といった形だけの対応に留まっています。「法律が変わるから」「労働基準監督署に目をつけられたら困るから」という理由で、残業削減にだけ取り組んでいた企業も少なくありません。

経営改革として「広義の働き方改革」に取り組んでいる企業と、限定的な「狭義の働き

方改革」にしか取り組んでいない企業が二極化しています。後者は対症療法に過ぎません。組織が重大な病にかかっているのに、「喉が痛い」「熱が出た」という表面的な症状だけに対処している。これでは根本的な治療は不可能です。

コロナで両者の差はもっと大きくなりました。すでに経営戦略として働き方改革をやっていた企業は、コロナでのテレワーク対応にスムーズに対処していました。味の素と新生銀行の働き方改革担当者がイベントで同じことを言っていました。「今まで取り組んでいた働き方改革、社員の意識変革がコロナで一気に進んだ」と。ずっと施策をしてきたのに、コロナのような緊急事態が起きないと「変化」が進まないのが悔しいと、口を揃えていたのが印象的でした。そういう企業は「目の前のコロナに対応する」だけでなく、この「働き方のパラダイムシフト」をチャンスとして、企業の成長につなげるというビジョンがしっかり見えています。

日本企業がやるべきことは、病の原因そのものを治療する原因療法です。残業削減やテレワークなど働き方そのものに留まらず、組織風土や評価制度、給与や報酬体系、人材やコスト配分の見直しなど、経営に関わるあらゆる要素を含めた改革を断行しなければ、多くの日本企業が陥っている停滞から抜け出すことはできません。

とはいえ、昭和レガシー企業が一朝一夕に体質改善するのは難しいでしょう。だからまずは、**「長時間労働のＤＮＡ」「対面（リアル）にこだわるＤＮＡ」をアンインストールすることから始めてください。**

社員たちがどんな環境で何時間働いているのかを正しく把握し、長時間労働の事実があるなら目を背けずに、業務効率の改善に取り組んでいく。対面（リアル）の価値とオンラインの価値を見直し、効果があるものとないものを見極めながらＰＤＣＡを回していく。

いくらオフィスをきれいにしても、テレワークを導入しても、長時間労働とリアルのＤＮＡが組織の中にある限り、仕事は変わりません。リモートになったら、さらに長時間働いてしまいます。根本から変えるには、「長く働くから成果を出せるし、会社は儲かるのだ」という昭和体質を組織の中から取り除くしかありません。

パソコンに入っている古いＯＳをアンインストールしなければ、新しいＯＳをインストールできないのと同じように、いきなり新しい仕組みを導入しても古い仕組みが残っているうちは正常に機能しません。長時間労働のＤＮＡをアンインストールできれば、その後に多様で柔軟な働き方の仕組みをインストールした際も効果を上げやすくなります。

ただし、長時間労働のDNAをアンインストールしようとしたとき、最大の抵抗勢力になるのが「おじさん」です。緊急事態宣言が終わった途端、「たくさん対面営業して成果を出そう！」「やっぱり顔が見えなきゃダメだね」とマウンティングしてくるのは、やはりおじさんでした。その意味でも、やはりおじさん世代は働き方改革の成否を握っていると言えます。

おじさんが変わるための5つの提案

企業の取り組みは後の章で紹介しますが、ここではミドルシニア本人に対して、いくつかの提案をしたいと思います。

○提案1：おじさんよ、旅にでよ、ワーケーションせよ

前述した出口治明さんと対談したとき、私は「どうしたら個人の生産性を高められるか？」という質問を出口さんにしたところ、出口さんはこう答えました。「労働時間を2時間×3〜4コマにして、ちゃんと休んで、『人・本・旅』の生活をすることです」と。

「人・本」とは、人に会い、本を読むこと。最後の「旅」は、現場に行くことです。おいしいパン屋さんができたら、行って、買って、食べて、初めておいしさが分かる。脳に刺激を与えなければ、アイデアなんか出てこない。「メシ・フロ・寝る」から「人・本・旅」へのシフトが必要だと、出口さんは力説しておられました。

ここに私がもう1つ付け加えるとしたら、**「旅」にワーケーションを入れてもいいでしょう。**コロナ下でのリモートワークは「過去の貯金」に依存したものと言われます。前にあったことがある人、すでに関係のできている人とはリモートでもうまくいきます。しかし「過去の貯金を超えて、新しい人とどう出会うか？」という問題が出てきます。そうしないとビジネスが広がらないからです。その解決のヒントが「ワーケーション」にはあります。

私もコロナになって初めてワーケーションを南紀白浜と豊岡市で体験しました。ワーケーション先進圏で、聖地とも言われる南紀白浜では、目の前は海という絶好のロケーションの中、ホテルでも街中の施設でもリモートで働く環境が整っています。さらに先進圏には、「地域の人」と交流するポイントも仕掛けられています。場所に縛られず、気分が上がる場所で仕事をし、さらに「新しい交流」から生まれるものがビジネスに還流される。

テレワーク嫌いの人こそ、ぜひワーケーションをお勧めしたいです。

○提案2：おじさんよ、自分をマネジメントするスキルを身につけよ

「ピーター・ドラッカーはこう言っています。『自分をマネージできない人間は、他人をマネージできない』。マネジャーがマネージしなくてはならない相手はまず、自分自身なんです」

これはドラッカー・スクールの准教授ジェレミー・ハンターさんとの対談で言われた印象的なセリフです。私はハンターさんの**「トランジション」**という講座を毎年リアル、またはリモートで受けています。

トランジションとは、自分の外側で起こる変化「チェンジ」と対比される、自分の内側（内面）で起こる変化のことです。変化が起きているプロセスのなかで、自分のアイデンティティーや価値観に向き合い、変化に適応しながら、自分自身の考え方や行動が変わっていくことを指します。

このトランジションというテーマは、ぜひ多くの「企業戦士」にこそ受けてほしいと思いました。特に50代以上で、キレやすい人、パワハラしやすい人は、自分をマネジメント

するスキルを身につければ、リスクヘッジになります。ハンターさんは、「チームで成果を出す上で、感情や人間関係の質は、生産性に直に影響します」ともいっています。性格だから変えられないとあきらめるのではなく、「スキル」を学べばいいのです。

特にコロナ下で受けた2020年3月の西海岸からのセミナーは印象的でした。ハンターさんに「今世界はトランジションの中にある。自分自身もトランジションの時は苦しんでいたが、それが当たり前だ」と言ってもらったことで、私も心が楽になりました。「怖い」「不安」という気持ちを受け入れなさい、その感情を無視してしまうと、次のステップに進むことができないから。そう改めて教えていただいたようでした。

大きな変化の中、人間の心は落ち込んだり、高揚したり、浮き沈みを繰り返します。したがって、「トランジション」は大きな振れ幅があるのが当たり前です。その浮き沈みの中で徐々に自分の「レジリエンスゾーン（心が平安でいられる状態）」の幅を広げていく。それはスキルによってコントロールできるのです。

興味を持った人はぜひハンターさんの著書『ドラッカー・スクールのセルフマネジメント教室』（プレジデント社）を読んでみてください。

○提案3：おじさんよ、自分のキャリアを取り戻せ

多くの日本企業では「人事権」を持つ企業側が個人のキャリアを握っています。しかし、これからは**「自分のキャリアを自分に取り戻す」キャリアオーナーシップが大事です。**

先日、『プロティアン　70歳まで第一線で働き続ける最強のキャリア資本術』（日経ＢＰ）の著者で、法政大学キャリアデザイン学部教授の田中研之輔さんと対談する機会がありました。その時に「この本はコロナ前に40代の『キャリア迷子』な人たちに向けて書いたが、コロナ後はすべての人のための課題になった」と言っていました。

プロティアン・キャリアとは、ギリシャ神話に出てくる「思いのままに姿を変えられる神」プロテウスから取った言葉で、社会や職場の変化に応じて柔軟にキャリアを変えていく「変幻自在なキャリア」を意味する、と田中さんは述べています。

私がこの本をお勧めするのは「キャリア迷子」のための「羅針盤」や「地図」になるからです。「こうして転職した」という成功譚がいくらあっても、それはその人個人の物語です。成功した人の書いたビジネス本をいくら読んでも実は役に立たない。その人はあなたではないからです。しかし『プロティアン』では、自分の手にキャリアを取り戻すため

の「羅針盤」や「地図」が具体的に述べられています。

ここでは、そんな羅針盤の1つ「キャリア資本」をご紹介します。キャリア資本とは、以下の3つのことです。

1．ビジネス資本（知識・スキル）
2．社会関係資本（人的ネットワーク、コミニュティ）
3．経済資本（いわゆる経済力）

「ビジネス資本」と「社会関係資本」の蓄積は、結果的に「経済資本」に転換される可能性が高いと言います。私も自分のキャリアを分析すると「社会関係資本」――私の場合はNPO法人の若手経営者などとのつながりから得た知識が、企業のSDGsのアドバイザーをするときなどに役立つことがわかりました。

さらにプロティアン・キャリアの良いところは、「生活」も含めてキャリアと定義しているところです。仕事だけにフォーカスしても、大きな資本は得られない。家族との関係、趣味や地域活動、様々なものが「資本」になるのです。

○提案4：おじさんよ、有害なステレオタイプから自由になれ

「男らしさ」というステレオタイプには、有害なものもあります。何よりも男性自身を苦しめ、縛り、「枷」や「呪い」「偏見」のもとになっているものも多い。「男は競争して勝たなければならない」「男は一家を養わなければいけない」「弱みを見せてはいけない」という呪いのせいで、男性は強固な鎧を着たようになっている。脱ごうにも脱げない、硬い鎧です。変化を拒む鎧でもある。それは組織にとっても有害なのです。

こうした**「男性性を競う文化」こそが企業不祥事、ハラスメント、有害なリーダーシップなどを産む「組織の機能不全の原因」とする研究があります。**[7] 米国とカナダのさまざまな組織で働く数千人の従業員を対象にしたアンケート調査では、組織に悪い影響を与える4つの因子として、次のようなものが浮かび上がってきたとしています（括弧書きは白河が追加した事例）。

7　ジェニファー・L・バーダール、ピーター・グリック、マリアンヌ・クーパー「『男性性を競う文化』が組織に機能不全を招く」DIAMONDハーバード・ビジネス・レビュー　2018年12月14日

1．「弱みを見せてはならない」（スナックのママの前でしか弱音を吐けない男性）
2．「強さと強靱さ」（長時間労働を自慢してしまうメンタリティ）
3．「仕事最優先」（男が育休を取るなんてとんでもない、という価値観）
4．「弱肉強食」（「勝者総取り」という厳しいビジネス環境）

「男らしさ」を競い、「男らしさ」に異議を唱えると仲間外れになるので、必死に仲間のふりをする。そのためにハラスメントや女性差別的な発言もいとわない。しかしそれは企業にとって大きなマイナスであることが示唆されています。

これら4つの因子の値が高い企業や職場では、イノベーションに不可欠な「心理的安全性」が失われる、内部の規範を重視することから、重大なコンプライアンス違反や、セクハラ、パワハラが起きやすい、離職率が高い、メンタル疾患が多いなど、誰にとっても辛い仕事環境になることが予想されます。何よりも組織の戦略やミッションが達成できません。ダイバーシティや女性活躍も、男性性の競い合いを終わらせないと実現できないのです。

そして何よりも辛いのは「男性性を証明し続けなければいけない」男性自身です。ある論文では「男らしさを繰り返し証明する必要性から、攻撃的に振る舞ったり、不当なリスクを負ったり、長時間働いたり、熾烈な競争に身を投じたり、女性（あるいは他の男性）にセクハラをしたりすることがある」とも述べています。トランプが政権交代時にあれほど往生際が悪かったのは、「男性性を証明」することがやめられないからではないか、と思いました。

これらの要素に思い当たる節がある人は、ぜひ「男性性を競う文化」から脱出しましょう。最初の一歩は「男性ウケ」を考えずに行動することです。

○提案5：おじさんよ、我に帰れ

今の世の中には、キャリアの棚卸しをうたう研修や本などが山ほどあります。しかし、「仕事」のことだけにフォーカスしても本当の「棚卸し」はできません。**ある程度年齢を重ねた人は、プライベートも含めて「自分」を見つめ直すことが必要です。**

かつて私は、サイゼリヤ人事とＮＬＰインスティテュートのＣＥＯである堀口紫さんが共同で設計した「コミュニケーション研修」を取材したことがありました。これは、サイゼリヤが大きくなる時期を担ってきた主戦力でもある40代の管理職を対象とした2泊3日の研修なのですが、私が印象的だったのは、研修後のシートに、多くの人が仕事ではなく家族のことを書いていたことでした。また「感情」を表現していたことも印象的でした。

「研修から帰宅後、妻に感謝の言葉を伝えたら、驚いていたが、ありがとうと言われた」
「急だったが両親に会おうと連絡した。今会わないと後悔することになりそうだから」
「ストッパーが取れて、自分の中から溢れ出すものがあった」

この3日間で彼らに何が起きたのでしょうか？　変革推進本部PMOの内村さやかさんにこの研修の狙いを聞いたところ、こんな答えが返ってきました。

「会社のステージが変わり、戦略を変えても、中間管理職層が動かないと戦略が機能しない。フラットな組織にしても、上意下達で動くことに慣れている。だから変わってもらわないといけない。そんな目的意識で始めた研修です」
「この研修の対象は、ボリューム採用層で入社20年ぐらいの人たちです。イケイケどんどんの急成長期を担った社員で、残業も多く店で寝泊りすることもあった世代です。ガッツと体力でその時代を潜り抜けてきた人たちが管理職になり、昭和的な体育会系のコミュニケーションから抜け出しにくい。職人気質で黙々と仕事をする。このままだと若い世代の離職の元凶になってしまうという危機感がありました」

また、研修を受けた社員の側に、この研修で気づいたことを話していただくと、次のようなコメントがあったそうです。


「最初、自分のことを20分話せと言われたが、3分で止まってしまった。でも研修の最終日には、20分では足りないほど話せるようになった」

「全員が協力しないと立てないワークで、不可能と思っていたのに立てるようになった。

「一人でできることは少しであることに気がついた」

「同じことをやっていても、みんな思いや気づきは違うことがわかった」

「人の話を聞けていなかったことがよくわかった」

座学だけでなく、体を動かすワークなど、様々なNLP（神経言語プログラミング）を応用したワークショップを用い、気づきを言語化し、夜は蠟燭のもとで車座になって語り合う。自分に深く向き合い、自己開示し、人との違いを知り、家族や仲間とのコミュニケーションやつながりの大事さを知る。規格化され、硬い鎧で身を守ってきた管理職たちが、鎧を脱ぎ、一人の人間に立ち返るまでを早回しで見ているような研修でした。

自分と家族の問題に深く向かい合うことは、多分仕事一筋でやってきた人には、どんな仕事よりも難しいかもしれません。しかし、プライベートまで立ち返らないと「おじさん化防止」はできないのです。

コロナで飲食業界は厳しい状況ですが、内村さんは「研修がなかったら、このコロナをどう過ごしたんだろう？　と思うと、心底やっておいてよかった！　と思ってます。社員は自分の感情に向き合えるようになったことで、客観的に状況を捉えられるようになっていたと思います。先に研修で感情を耕しておいたことで、余裕時間が増えたなかで年齢なりの成長テーマをつくることもできています」と話しています。

コロナの緊急事態では、学校も休みで、家族と一緒に同じ場所で生活して働くことが増えました。軋轢も増え、内閣府調査では生活満足度は下がりましたが、下がっていない家庭は何が違ったのか？　男性の家事や育児への参加が増えたところは、生活満足度は下がらなかったのです。家族で「Netflix」を見るなど、いう新しい「絆」も生まれました。

本書を手に取られた皆さんはぜひ、手遅れにならないうちに、「家族」という最大の資産と向き合ってください。

第3章

ミドル人材が活性化される仕組み

～「ミドル人材活用推進」の先進事例～

経営戦略として働き方改革に取り組んできた企業の中には、ミドルを活性化することの重要性にいち早く気づき、「ミドル人材の活躍推進」に着手した事例がすでに出始めています。女性活躍推進や残業時間削減などに比べると後発の取り組みなので、まだ道半ばのケースもありますが、それでも各社とも目に見える成果が得られています。

そこで本章では、大和証券、三菱地所プロパティマネジメント、チェリオコーポレーション、キリンホールディングス、ロート製薬の取り組みを紹介しながら、ミドルを活性化するためのヒントを探っていきます。

なお、文中の肩書き等はすべて取材当時（２０１７年から２０１８年）のものになります。

45歳以上に学びと成長の場を！
～大和証券の「ASP研修」&「ライセンス認定制度」～

ベテラン社員が無料で受講できる約40講座を用意

長時間労働は当たり前とされてきた証券業界にあって、2007年からいち早く働き方改革に取り組んできたのが大和証券グループです。

「19時前退社」をトップが率先して強く推進し、労働時間を管理できない管理職は評価が下がる仕組みにして、残業を大幅に削減したことは前著『御社の働き方改革、ここが間違ってます！』（PHP新書）でも詳しく紹介しました。社長の交代を経ても改革は引き継がれ、すでに10年以上推進されています。今では「19時前退社」どころか、多くの人が「18時前」に退社しているそうです。

常態的な長時間労働を止めることで、女性活躍の推進は進みます。2019年には業界の先陣を切って、生え抜きの女性副社長が大和証券グループ本社に誕生しました。これは画期的なニュースで、この話をすると「え、本社の方ですか？」と多くの人に聞き返されたぐらいです。議決権を持つ「取締役」の選定はとても重要で、取締役レベルではない「執行役員」までしか、女性を上にはあげない「女性活躍企業」も多いのです。そんな中、大和証券グループでは全体で９人の女性が経営幹部にいらっしゃり、生え抜きの方が多くそろっています。

その大和証券が女性活躍と同じぐらいに力を入れているのが、ベテラン社員の活躍支援です。

多くの日本企業と同様、大和証券もバブル期に人材を大量に採用したため、現在の人員構成は45歳以上がかなりのボリュームゾーンになっています。あと10年経てば、50代以上のベテラン社員がさらに増えることは確実です。

となれば、この年代に活躍してもらわなければ、企業として生産性を高められない。そこで会社としても、ミドル以上の社員の活躍推進に本腰を入れることにしたのです。

その目玉施策が、45歳以上を対象とした「ＡＳＰ研修」（Advanced Skill-building Program）

と「ライセンス認定制度」です。

ＡＳＰ研修は、ベテラン社員が年齢を重ねても継続的なスキル向上を目指すためのプログラムです。45歳になった社員は1泊2日のスタートアップ研修を受け、その後はｅラーニング講座を受講します。現在はビジネススキルやマネジメントスキル、一般教養や健康増進など40種類以上の講座が用意され、対象となる社員はこの中から興味のある講座を選んで無料で受講できます。この取り組みを始めた狙いを、常務執行役員の望月篤さんは次のように話してくれました。

「若い頃は自己研鑽に努めていた人たちも、45歳を超えると学習意欲が下降していくことが社内調査で明らかになっています。しかし、仮に65歳まで働くとすると、45歳はちょうど会社員人生の折り返し地点にすぎない。まだまだ先は長いのだから、自分を磨き続ければ生産性は十分に維持できるはずです」

研修実績に応じて再雇用後の給与が最大で30％増に

ミドルシニア層への研修の実施は他の企業でもやっていますが、大和証券の取り組みで興味深いのは、研修の実績を給与などの処遇に反映させた点です。

ＡＳＰ研修で各講座を修了すると、ポイントが付与されます。加えて、45歳以上で取得した資格や勤務実績もポイント化し、すべてを合算したポイントが一定基準をクリアすると、53歳よりライセンス認定が行われ、処遇が優遇される仕組みです。具体的には、55歳以降の給与と60歳以降に再雇用されたときの給与の両方にポイントが反映され、後者については最大で給与が30％上乗せされます。

「研修制度を用意しても、社員がなかなか自発的に受講してくれない」というのは多くの企業が抱える課題ですが、これはうまくできた制度だと感心しました。将来の処遇に関わるとなれば一生懸命取り組むもの。大和証券の制度は、実効性の点において非常に工夫されていると言えます。

その効果は数字にも現れています。ＡＳＰ研修の受講講座数は年々増加し、２０１５年4月の導入から約3年で延べ1万６６００講座に上りました。平均すると、１人当たり約10講座を受講している計算になります。

どの講座も1つにつき5時間から10時間程度を要するしっかりした内容ですが、それでもベテラン社員たちが意欲的に学んでいることがうかがえます。

また、早くから働き方改革に取り組み、今ではすっかり「19時前退社」が社内カルチャーとして定着していたことも、ASP研修の浸透を後押ししました。

「社員たちが効率的に働いて早く帰るようになったので、『自由に使える時間も増えたし、会社が無料で受けられるプログラムを用意してくれたなら、ちょっとやってみるか』と考える人が多かったのでしょう。そして試しに1つ講座を受けてみたら、思った以上に充実感があった。それでまた1つ、さらに1つと、受講する意欲が増していくという良い流れが生まれています」

望月常務も、ベテラン社員たちのモチベーションの変化をこう話します。特に人気なのは、証券会社の本業に直接関わる数値分析や企業会計、プレゼンテーションや交渉などのビジネススキルだそうですが、もしこの制度がなかったら、どれも45歳以上のベテラン社員が改めて学ぼうとは考えなかっただろうと思われるものばかりです。

なかには、ファイナンシャルプランナーの最上位資格とされるCFP資格を取得する人も出てきており、年齢を重ねてもなお自分のスキルを高めようとする意欲の向上を示しています。

新職種「あんしんプランナー」が中高年の活躍の場に

会社がベテラン社員にスキルアップを求めるだけでは、活躍支援としては片手落ちです。努力して自己研鑽した社員が、そのスキルを発揮できる場の設定が大事です。でないと組織の中で活躍することはできません。

その点でも、大和証券は業界に先駆けた取り組みを行っています。それが、同社独自の職種である「あんしんプランナー」の設置です。これは75歳以上の高齢層の顧客に対し、シニアライフの包括的なサポートを提供する仕事で、2017年から導入された新しい職種です。現在は、50歳前後を中心とするベテラン社員があんしんプランナーとして資産管理や相続などのコンサルティングを行っています。

高齢化が進む中、証券会社の顧客もシニア層が増加しています。では、70代や80代の顧客は顧客と年代が近いベテラン社員が対応した方が、相手も相談しやすいのではないか。そんな仮説からスタートしたあんしんプランナーは、2020年には全店への配置が完了しました。

あんしんプランナーは資産運用や投資を顧客に勧めるセールス型のコンサルティングというより、「お金や老後のことで不安や問題があれば何でも相談に乗るアドバイザー」という役割です。評価も数字ではなく、顧客と面談した内容や回数などで判断されます。「営業しないのに会社に貢献できるのか」と思うかもしれませんが、大和証券としてはあんしんプランナーが1人の顧客と長く付き合うことで、相続や贈与などで次世代に財産を受け継ぐ際に、その資産を管理する子や孫世代にも大和証券を選んでもらえるというメリットがあります。特に相続の話は死を前提としたデリケートな話になるので、自分と同世代の人に同じ目線で相談に乗ってもらった方が安心だという顧客心理は理解に難くありません。寄付贈与（資産を社会貢献団体に寄付したい）などの相談にものるそうです。

ベテラン社員の活用というと、組織のメインストリームを外れたところに居場所を作るというイメージがありますが、大和証券のように年齢を重ねてもベテランが営業の最前線で活躍できる仕組みを作ることは、決して不可能ではないということです。

さらに、雇用上限年齢の廃止にも踏み切りました。

大和証券には、40代後半からは、地域密着型のコンサルティング営業を長い時間軸で行うことができる「上席アドバイザー」という制度がありますが、2013年にその雇用年齢を最長で70歳までに延長。そして2017年には上限を撤廃し、本人が望めば70歳以降も働き続けられるようになりました。

制度変更のきっかけとなったのは、ベテラン社員の活躍でした。

当時68歳だった社内最高齢の上席アドバイザーがあと1年半で退職を迎えることになったとき、「この人が仕事を辞めるイメージがまったく湧かない。これだけ頑張って下の世代と同じように成果を出しているのだから、本人さえよければもっと働いてもらっていいんじゃないか」という議論が社内で起こったのです。

望月常務も「これだけ長く経験を積んで、顧客と強い信頼関係を築いている人材を大事にしない手はない」と話す通り、年齢に関わらず価値を生み出せる社員であれば企業はその経験と能力を活用し、限られた社内資源で生産性を高めていくべきではないでしょうか。

他にも大和証券では、今後ベテラン社員が増えることを想定して、多様な取り組みを実施しています。

社員の年齢が上がれば、家族の介護が必要になる人も増えるため、介護と仕事の両立支援策を拡充しました。介護休職を最長で1095日取れるようにしたほか、介護準備のための「ライフサポート有給休暇」を新設。また、「介護コンシェルジュ」サービスを導入し、介護施設や自治体での手続きなどを外部業者に代行してもらえるようにしました。また、営業部門など一部ではトライアル段階であるものの、在宅勤務もすべての部門の社員が可能となっています。

年齢を重ねた社員が長く活躍するために、「健康経営」にも熱心です。「ウォーキングチャレンジ」や「腹八分目プログラム」などの健康増進イベントへ社員の参加を促し、目標を達成するとポイントが付与されます。人間ドックの受診を推進し、悪い数値が出た社員にはイエローカードを出して、必ず医師の指導を受けるよう徹底させる取り組みも行なっています。

おじさんに「場」と「やること」を提供する

大和証券の「おじさん活用」成功のカギは、やはり「働き方改革」が「暮らし方改革」にきちんとつながっていることです。

企業が残業削減に着手すると、ミドル以上の世代から聞かれるのが「早く帰ってもやることがない」という声です。

本来であれば家族と過ごしたり、趣味を楽しんだり、勉強したりと、自分の暮らしを充実させるための時間が増えて喜ばしいはずですが、プライベートや家庭のあり方まで会社に合わせてきたおじさんたちは、自分の時間を自由に使うことに慣れていません。

残業ゼロを成し遂げた企業の社長も、「抵抗勢力になるおじさんたちには、早く帰っても行き場がない、やることがないという、可哀想な言い分があるんです」と話していました。

その意味で大和証券の「ASP研修」は、おじさんたちに「場」と「やること」を提供するプログラムと言えます。19時前退社が定着して時間ができたところに、会社が勉強の場を用意してくれた。無料だしと気軽に受けてみたら、思いがけず満足感や達成感があって、次第に自発的な自己研鑽へと変わっていった。そんな良いサイクルが生まれたことを、大和証券の事例は示しています。

仕事を終えた後の時間で「これをやりたい」という何らかのモチベーションが生まれれば、もうかつての長時間労働に戻りたいとは思わなくなるでしょう。

組織に長時間労働の「ＤＮＡ」が残っているうちは、社員は残業することで満足感や達成感を得ようとしますが、他のことでも同じ達成感が得られるとわかれば、意識改革も自然と進みます。

大和証券の事例は、「残業削減した先に、おじさんの暮らし方をどう改革するか」という課題に対する答えの１つを示していると言えます。

【「ミドル人材活用」のポイント】

●ミドル以上の世代に限定した自己研鑽プログラムで「場」と「やること」を提供

●研修で得たポイントを給与などの処遇に反映して、やる気を後押し

●研修で磨いたスキルを活かして活躍できる職種やキャリアを用意

残業時間を3割削減、残業代は給与で還元なら、安心して残業時間を減らせる

～三菱地所プロパティマネジメントの業務改善プロジェクト～

現場発のアイデアで無駄な業務を効率化

男性中心で長時間労働もいとわない体育会系。そんな「同質性の高い集団」のイメージが強い不動産業界において本格的な働き方改革に取り組み、残業時間の3割削減を達成したのが三菱地所プロパティマネジメントです。

同社はビルの管理運営業務を担う三菱地所グループの子会社。オフィスビルだけでなく、商業施設を併設した複合ビルなどの管理も受託しているために業務範囲が広く、社員の勤務形態も多岐に渡ります。

管理するビルのオーナーとビルに入っているテナントの両方がクライアントになるた

め、ときには利害が対立する両者の調整をしなくてはいけない立場です。その調整のため、社員たちは自分の時間を犠牲にして働くことが常態化し、組織の中に疲弊感が広がっていました。それが残業削減に着手したきっかけだったと、川端良三社長は経緯を説明します。

同社の働き方改革がユニークなのは、まず現場から業務改善のアイデアを出してもらうことから始めた点です。

ワークライフバランス推進の第一人者である小室淑恵さんが運営するコンサルティング会社から提案を受けて、「カエル会議」を実施。これはどうすれば現状から抜け出してチームがなりたい姿に辿り着けるかを議論する場で、三菱地所プロパティマネジメントでは営業管理に携わる4つのユニットが参加し、それぞれが業務効率化の改善案を協議・実行しました。

すると、これまで当たり前のように続けていた仕事のやり方を見直すアイデアが次々と出てきました。例えばこれまでは、顧客からビルの設備が故障したという連絡が入ると、電気、建築、空調などの専門家が4人ほど集まって訪問していました。しかしよく考えてみると、現場で実際に手を動かすのは1人で十分というケースがほとんどです。

そこで思い切って、1人で訪問する体制に変更。不具合の内容に対応できる専門家だけが訪問し、どうしても対応できないことがあれば別の専門家が再訪する形にしました。その結果、残りの3人は自分の業務時間を有効に使えるようになり、大幅な効率化が進みました。

「以前は4人揃って訪問することが手厚いサービスなのだと考える文化があり、現場も何も疑わずにそのやり方を続けてきた」と振り返る川端社長。「丁寧なチーム対応こそ三菱ブランド」と信じ続けてきた全社的なマインドをいちから見直したことになります。

そのきっかけとして、現場が自由に声を上げられる場を設けたのは重要な点です。「同質性の高いおじさん」が集まる組織の問題点として、「序列意識が高く、上に対して異論も反論も言わない」ということなかれ主義が横行するリスクをここまでに指摘しました。そのリスクを取り除くには、「そのやり方はもう古いですよ」「もっといいやり方がありますよ」と現場が意見を言える環境を作ることが必要です。

よって会社側が「どうぞ好きなように意見を言ってください」とお墨付きを与え、心理的安全性を担保する場を作ったのは、組織を変える第一歩として効果的な手法と言えます。

部長職への権限委譲で改革の実行を後押し

他にも、会議の回数削減や業務フローの見直しなど、現場から出た改善案はどんどん実行しました。川端社長も現場が改革を進めやすいよう、部長職への権限委譲をかなり意識したと言います。

「経営層や管理部門から見える範囲は限られるので、現場で働く人が『今日にでも変えたい』と感じていることがあれば、すぐ実践してもらうことが大切。そのために現場を統括する立場の管理職に権限を委譲し、部長の判断に任せるようにしました」

また、2017年度には人事部門が現場に働きかけて「ワークスタイルチャレンジ」という取り組みを実施。「部門内の月平均の残業時間を20時間以内に減らす」「有給消化率80%」を目標に設定したもので、チーム一丸となってゲーム感覚で残業を減らすアクションが盛り上がりました。

一部のユニットでは、定時前の15分間で「夕礼」を開き、メンバーが集まってその日の残業予定と業務内容を報告し合う取り組みを行ったところ、チームの残業削減につながりました。お互いの仕事を見える化したことで、「その仕事は急ぎではないから明日でいい」「大変そうだから他の人と手分けしよう」といったチーム内の調整が働くようになり、1人に業務が集中するのを防げるようになったためです。

こうした取り組みの結果、働き方改革を始めた2015年度に比べて、2017年度は残業時間が3割削減されました。

残業削減の努力が給与で返ってくる

ただし、まだ課題は残ります。それが「残業代」です。

これまで長時間労働で成り立っていた組織は、残業代込みの手取りで生活設計を立てている社員が少なくありません。「自分たちの収入が減っては困る」という理由から、働き方改革の抵抗勢力になる人も多いのが現実です。特に妻子を養う「片働き」家庭が多いミドルシニアには、ワークライフバランスよりも「お金が大事」と切実に願う人も多いのです。

三菱地所プロパティマネジメントは、この課題にも大胆に切り込みました。「削減した残業代は、社員に給与として還元する」としたのです。

改革前の2015年度を基準とすると、2017年度に削減された残業代は1億8000万円。それを原資に、2018年度の還元を実施しました。

具体的には「固定残業代」を導入し、職種に応じた基準支給時間を定めて、一定の残業代を支払う仕組みです。固定残業以上になった場合は、超過分も支給します。加えて2017年度からは、年2回の賞与に特別加算する仕組みも実施しています。

自分たちが努力して削った残業代が自分たちにダイレクトに返ってくるとなれば、残業削減に対する社員のモチベーションも相当上がるはずです。痛みを感じる人がいないので、働き方改革で抵抗勢力が生まれにくくもなります。

川端社長は「まだ試行錯誤の段階なので、どんな方法が最適か検証を続けたい」としていますが、すべての社員にとって納得感のある方法の1つであることは間違いありません。

こうして残業削減が進むにつれて、社員の意識も変わりました。

同社では半期に一度、アンケートによる社員の意識調査をしていますが、働き方改革への納得感や生産性に関する意識が高まっていることが明らかになっています。

「残業削減によってできた自分の時間をどう活用しているか」という問いには、最初の頃は「家族のために使うようになった」という回答が多く、最近では「スキルアップのための勉強に使うようになった」という回答も増えています。残業を減らすことで、「働き方改革」と同時に「暮らし方改革」も順調に進んでいることがうかがえます。

残業減で生まれた時間から新規事業が続々誕生

さらには、労働時間の短縮が新しい価値の創出にもつながっています。

効率化によって生まれた時間を活用し、有志が集まって取り組む新規事業開発が活発化。2018年10月に丸の内の「ご当地プロダクト」として発売された薬用入浴剤「大手町の湯」は、その1つです。

これは、大手町の再開発の際に採掘した天然温泉の泉質を再現し、バスクリンと共同開発したユニークな商品です。他にも、丸の内にある店舗と連携して蕎麦打ち体験や江戸前寿司体験ができる「丸の内 Holiday」というプログラムも、現場からのボトムアップで生まれました。

残業を削減した先に、自社のビジネスの価値を高めるような新たなアイデアが生まれていることはとても希望が持てます。

働き方改革は、ただ残業さえ減らせばいいというものではありません。長時間労働のDNAをアンインストールすることによって組織が同質性から抜け出し、多様性の力を発揮して生産性を高め、イノベーションを創出できる組織になること。そうなってこそ、本当の意味で働き方改革が成功したと言えます。

すでに同社では、ダイバーシティから生まれたビジネスも誕生しています。

2018年4月に新規事業としてスタートした、企業向け託児所付きワーキングスペースの「コトフィス」です。同社が管理するビルで働く人たちが利用し、子育てしながら安心して働ける場として高く評価されています。

この事業は、女性社員のアイデアから生まれたもの。「男性社会」というイメージが強い不動産業界も現在は女性が増え、三菱地所プロパティマネジメントでは30歳以下の社員に限れば女性比率が50％となっています。この女性たちの力を活用するためにも、同社にとって残業削減は急務の課題だったと言えます。

川端社長によれば、働き方改革に対する女性社員からの評価は上々です。

「ワーキングマザーの社員からは、『とても働きやすくなった』という声が増えています。その理由は、『全社的に改革が進んだことで、ママ社員だけではなく、すべての社員にとって残業の少ない働き方が当たり前になったから』とのことでした」

これがまさに働き方改革の肝です。おじさんを含めた全員が早く帰ることで、時間に制約がある人たちが後ろめたさを感じずに働ける環境を作ることが重要なポイントとなるのです。

社長もかつては「働き過ぎのおじさん」だった

もちろん、女性社員だけでなく男性社員も変わりつつあります。

これまで長時間労働に打ち込んできたミドル以上の男性社員たちも、会社の方針として残業削減を断行したことで、「有効な時間の使い方を考えたい」というマインドセットのきっかけになった人が多いと川端社長は話します。

川端社長自身も、かつては長時間労働のＤＮＡに染まったミドルの１人でした。今の会社に来る前、三菱地所のビル営業部に17年間勤めていた頃は「自分の時間を使うほど成績も比例して伸びる」という感覚が身についていたため、持てる時間のほとんどを仕事に費やしていたと振り返ります。

「ところが3年前に妻を亡くして、私が子育てを一手に担う生活へと変わったのです。効率をできるだけ高める働き方に切り替えざるを得なくなったことで、『時間は無限ではない。一定の時間内にやりきる力を磨かなければ』という意識が強くなりました。それが自然と今の改革に取り組む姿勢へとつながっていますし、時間を有効に使う意義を社員の一人一人と共有したいという思いがあります」

推進の陰にはトップの実感からの本気のコミットがありました。

長時間労働が当たり前の時代を過ごし、「24時間戦えます」が価値観だったミドルが、初めてワークライフバランスの必要性に迫られた。川端社長は、時間の有限性を自分事として痛感しているから、改革をリードする言葉にも説得力があります。

さらに2019年には女性営業チームが「あたらしい転勤はじめました」というプロジェクトを実験しました。大阪勤務になっても転居せずにリモートでどこまで仕事ができるかという取り組みに挑んだのです。見事に成功し、コロナでのリモートワークが進んだ今、「実験から制度化へ」の説得も「テレワークを経験した経営層に、説得がしやすくなった」ということでした。

【「ミドル人材活用」のポイント】

● 現場発のアイデアを尊重して業務の効率化を推進
● 現場が改革を進めやすいよう、部長職に権限委譲
● 削減した残業代を給与に還元して社員のモチベーションを向上

「ほぼ全員おじさん」の組織が生まれ変わった！
～残業25％削減、生産性2割増のチェリオコーポレーション～

社員の大半が40代と60代の男性という「おじさん組織」

日本企業の多くは45歳以上の男性がボリュームゾーンとはいえ、大企業であれば継続的な新卒採用によって若い世代や女性もそれなりにいるのが普通です。

しかしここに「社員全員がほぼおじさん」という同質性が凄まじく高い組織を改革した事例があります。

チェリオコーポレーションは、清涼飲料水の製造・販売を手がけるメーカーです。炭酸飲料水の「チェリオ」「ライフガード」などが入った自動販売機を見かけたことがある人は多いでしょう。

一部の商品は全国のコンビニやスーパーにも卸していますが、基本的には工場がある関西と中部地方の周辺に集中的に設置した自動販売機を通して販売する「地産地消モデル」を展開しています（沖縄のみ販売に特化）。商品開発から製造、販売までを自社で手がける垂直統合型のビジネスモデルで、自動販売機を管理するルート営業も、工場での生産も、すべて正社員が担っているのが特徴です。

そんなチェリオが本格的に働き方改革に着手したのは、２００９年のこと。何度も経営危機に陥った同社が、創業者の孫である菅大介さんを呼び戻して家業の再建を託したのが始まりでした。菅さんは東京大学在学中にハワイの先住民族を研究し、その後スタンフォード大学経営学大学院でＭＢＡを取得したユニークな経歴の持ち主です。

まず菅さんが任されたのが、中部地区の事業の立て直しでした。そこで待ち受けていたのが、「ほぼおじさん」の集団だったのです。

「当時はグループ全体で３８０名ほど社員がいましたが、事務や総務にいたごく一部の女性を除いて、ほとんどが男性。しかも当時は8年間も新卒採用をしていなかったので、年代も40代と60代が中心でした。50代が抜けているのは、弊社がバブル期に採用をしなかったから。バブルの頃、うちは景気が悪かったんですよ」

長時間労働が当たり前のカルチャー

そんな同質性の高いおじさん集団は、菅さんから見て明らかに非効率的な働き方をしていました。特に目立ったのは、自動販売機を担当するルート営業の男性たち。自分でトラックを運転し、商品の補充や売り上げの回収、故障への対応などすべてのオペレーションを任されます。

よって仕事は外回りがほとんどですが、「早朝に出社して、暗くなってから会社に戻ってくる」といったケースはざら。生産ラインが遅れて平日に補充できないと、当たり前のように休日出勤します。上司が部下を送り出すときは、「売り上げを作るまで会社に戻ってくるな！」という掛け声が飛び交っていました。

「社員は『自分たちの会社を何とかしたい』という熱い思いを持った人ばかり。だからこそ、『とにかく自分たちが頑張って働けばいい』という発想に陥っていました。しかもただやみくもに頑張っている状態で、私が『何のためにこれをやっているの？』と質問しても曖昧な答えが返ってくる。頑張ることが目的化している印象でした」

そして最大の問題は、社員たちが時間の感覚を喪失していたことでした。菅さんは続けてこう言います。

「おじさんたちは『時間は無限である』という前提で仕事をしていた。だから、あれもこれもやろうとして長時間労働になる。これが改革を進めるには一番やっかいだと感じました」

さらには、昭和の時代から続いてきた会社独自のカルチャーがあり、それを変えることへの抵抗もありました。

「弊社はセブンアップやペプシのフランチャイズボトラーとして始まったので、『営業が一番偉いのだから、工場は営業に言われたものを作ればいい』という文化があった。だから工場の働き方も、営業が働いている時間に合わせて稼働する仕組みになっていました。『営業が頑張っているのに、工場が同じ時間に頑張らないのは不公平だ』と言うんですね」

そんな理由から、営業が休む週末には工場も休んでいましたが、工場の設備は一旦止めると再稼働するのに余計なコストがかかるので、効率を考えれば24時間稼働した方がいいことは明らかでした。工場勤務の人たちは、1回の勤務が長時間労働にならないシフトを組めばいいいし、その方が休日もたくさん取れます。

「でもそれを提案すると、『これまで何十年も続けてきた歴史あるやり方を変えるのか』と言われてしまう」と菅さんは当時を振り返ります。

おじさんと信頼関係を作ることからスタート

これぞ日本の組織によくある横並び意識の典型です。一部の部門が従来と違うことをやろうとすると、「なぜお前たちだけがそんなことをするのか」と横槍が入るのはよくあることです。

菅さんは創業家の一員ではありますが、だからと言って権力で社員たちをねじ伏せるわけにはいきません。「組織には必ず政治があって、それを司る『村の長』みたいな存在がいる。うちで言えば、事業部長とか。その人にそっぽを向かれたら、改革はうまくいきません」と菅さん。裏を返せば、その人たちが納得すれば、組織は一気に変わるということです。

そこで菅さんは、まずはキーマンたちと個人的な信頼関係を作ることから始めました。そのためにしたことが、「ラーニング（学び）」です。

おじさんたちに「仕事を教えてください」と弟子入りし、一緒にトラックに乗って自動販売機を回り、会社を再建したいという思いを伝えてそのためにどうすればいいかを相談する。そんなことを毎週繰り返し、1年ほど経ったときに「村の長」の1人であるおじさんがこう言ったそうです。

「本当はあんたが来たとき、自分たちが40年かけて作ったものを滅茶苦茶にされたらたまらんと思っていたんだよ」

そんな本音を話してくれたのを聞いて、菅さんは「この人との間に信頼関係ができたのだ」と感じました。そこから少しずつ、「効率化のためにこれだけはやらせてください」と小さな範囲から改革を進めていったのです。

「小さく試してみて、それがうまくいけばおじさんも肯定的になる。結局のところ、会社の売り上げが増えれば、誰だって嬉しいわけですから。まずは『会社を再建する』という共通の目的を共有して、信頼関係を作った上でちょっとだけ相手に無理してもらう。牛歩戦術みたいな感じで一歩ずつ進めていくしかないと思います」

ストップウォッチで業務時間を計測

こうして信頼関係の構築から入った菅さんは、本格的な労働時間の削減と効率化に着手します。

「時間は無限ではなく、有限である」という当たり前の前提に立ち返った上で、限りある時間をできるだけ有効活用するため、仕事中の無駄を省いて時間を作り出す取り組みを始めました。

無駄を省くには、組織の中で「有益な仕事にかけている時間と、無益な仕事にかけている時間」がどれくらいなのかを把握する必要があります。

そこで、まずは営業所の1つで徹底した時間の計測を開始。トラックで外回りをしている営業の助手席に別のスタッフがストップウォッチを持って乗り込み、すべての業務ごとにどれだけの時間がかかっているかを秒単位で計測しました。

その中で、利益の創出に関連している時間とそうでない時間を分類。利益を生み出していない時間は可能な限り削減するよう全営業に指示しました。

労働時間のデータを計測したことで、新たな事実も明らかになりました。売り上げが高い営業ほど、効率的に仕事をしていることが証明されたのです。一方、売り上げが低い営業は、1つの作業に時間をかけてダラダラと仕事をしていました。

そこで菅さんは、この事実を利用して全員の働き方を変えようと考え、トップセールスに「夕方4時までに会社に戻って欲しい」と指示を出しました。目標の売り上げが一日に100ケースだとして、1・5倍の150ケース売り上げる営業がいたら、「売り上げは落とさないで、今までより早く戻れないか」と頼んだのです。

すると優秀な営業は、その依頼を見事達成。それを材料に、「彼は150ケース売って、夕方4時に帰ってきた。君たちが売るのは100ケースなのだから、4時に戻って来られないはずがない」と発破をかけたところ、他の営業も一斉に4時までに戻るようになりました。

実は営業の中には、「先輩たちは遅くまで働いているから」と遠慮して、本当は早く戻れるのにわざとゆっくりと仕事をしているケースがありました。それが「4時までに戻らないのは営業として恥ずかしい」というモードに社内が切り替わったことで、安心して早く戻れるようになったのです。

同質性の高い組織には、無言の同調圧力があります。「これは無駄だ」とわかっていても、周囲の空気を読んでそれを続けざるを得ない状況が必ずあるものです。

しかし成功事例が1つ出れば、その空気も変わります。チェリオでもこの営業所の成功を受けて、比較的若い社員が多い他の営業所が自発的に同様の取り組みを始め、「4時までに戻る」というルールが全社的に広まっていきました。

無駄を生まないマネジメントを徹底

さらに、営業所のマネジャーを対象に研修を行い、無駄を生まないマネジメントを習得させたことも残業削減につながりました。

これまでは時間が無限であることを前提に、マネジャーが「あれもやれ」「これもやれ」と指示を出していたため、現場に出る営業は何が本当に大事な指示なのかわからず、無駄な行動が増える原因になっていました。

そこで、重要度の高いものに絞り込んで指示を出すためのトレーニングやグループワークを実施。一度にまとめて部下にタスクを渡すのではなく、「毎日やるべきなのはこれ」

「今月やるべきなのはこれ」などと重点項目をわかりやすく伝えることを徹底させました。

また、社内でノウハウの共有化を進め、属人的なスキルに頼らず組織として生産性を高める取り組みも進めました。

それまで営業は各自で訪問計画を立てて、どのルートでどの自動販売機を回るかを自分で考えていました。売り切れが出ないように効率的に回ることが売り上げアップのカギなので、まだ補充が必要のないところに何度も足を運べば時間は無駄になります。逆に、よく売れる場所では訪問の頻度を高めて、売り切れが出ないタイミングで補充することが必要です。

ところが、この訪問計画の作成には会社として共有するノウハウがなく、各自が経験や勘をもとに行き当たりばったりで回っている状態。「このルートのことは自分しかわからない」といった属人的な仕事のやり方が定着していました。

そこで、こうした暗黙知を可視化して、データとして社内で共有を進めました。これにより、高いセールスを上げている営業のノウハウを他の人も活用することが可能となり、組織としての生産性も高まりました。

こうした取り組みにより、直近の3年間で会社全体の残業時間は25％削減。休日の日数も年間で91日から114日に増えました。

なお、営業との横並びで非効率な働き方を強いられていた工場も、2015年に滋賀工場が新たに稼働したのを機にシフトを完全リニューアル。年間の労働時間がきちんと管理された「4勤2休」の勤務体系で、工場だけで見ると年間の休日は130日に上ります。

営業と工場がそれぞれの業務内容に合った働きかたの最適化を図ったおかげで、全社的な生産性を一気に高めることができました。

若手が増えて一番喜んだのはおじさん

もう1つ、菅さんが取り組んだのが、若手や女性の採用です。

おじさんばかりの同質性の高い組織を変えるには必須の施策ですが、これも当初は社員たちとの意識のズレがありました。菅さんはこう言います。

「私が『この営業所には何人必要ですか?』と聞くと、現場は『いりません』と答える。全員が長時間労働をしているのだから人手が足りないのは明らかなのに、そんな答えが返ってくるということは、やはり時間の感覚を喪失している証拠です。それでも私が『いや、人を連れてきますから』と粘ると、『だったら中途の即戦力が欲しい』という。先ほども言ったように、各自が経験や勘に頼って仕事をしているので、会社として若い人材を教育・育成するという考えがまったくなかったのです」

しかし、新しい人材を入れて組織の多様性を高めなければ、会社の未来はない。そう考えた菅さんは、1人でリクルーティングを始めました。

当時は就職氷河期で採用を控える企業が多かったので、チェリオにとっては優秀な人材を獲得するチャンスでした。菅さんはみずから大学生向けの合同説明会に足を運び、自分の思いを語り続けて、結果的に30人の採用に成功。2011年4月に、約10年ぶりとなる新卒が入社しました。

さらに自身で研修プログラムを作成し、新人たちを直接トレーニング。折しも東日本大震災の発生直後だったため、「こうした危機がサプライチェーンに与える影響とは何か」といったリアルな学びも取り入れつつ、現場で成果を出すために必要な知識とマインドを植え付けた上で、各営業所に送り出しました。

その結果、一番喜んだのは現場のおじさんたちでした。採用から1ヶ月しか経っていない新人の仕事ぶりが、おじさんたちが思い描いていた「中途の即戦力」のレベルをはるかに超えていたからです。

「『若いヤツなんて役に立たない』と思い込んでいたのに、最初から基本的な仕事のやり方を把握していて、自分たちの営業所の目標達成に貢献してくれる。おじさんたちも助かったわけです。こうして生きた事例を渡してあげれば、おじさんたちも『きちんと教育すれば、人は成長する』という当たり前のことを思い出してくれます。マネジャーたちも自分の営業所が目標達成できればコミッションや賞与が増えるので、家に帰ると奥さんたちに褒められたと喜んでいました」

このとき新卒採用された新人たちは、現在30代前半。その多くが課長級に昇進し、新規事業の立ち上げを担うなど組織の中核に成長しています。

その後も新卒採用を続けて、女性社員も増加。新卒4年目の女性社員が生産性向上に取り組んで高い成果を出すなど、若手や女性の力が発揮できる多様性ある組織へと変わりつつあります。

新しい人材が入って組織が活性化し、売り上げもどんどん伸びてくると、おじさんたちも目標を高く持つようになり、今度は自分たちから「人を増やして欲しい」と言い出すように。すかさず菅さんは、「もっと労働時間を削減して、働きやすい環境を作れば、優秀な人が来てくれますよ」と伝えて、さらなる効率化を推し進めました。

「人が欲しい」という共通の目標ができたことで、おじさんたちも一緒に働き方改革に取り組もうとする当事者意識が芽生えたわけです。

さらに菅さんが戦略的だったのは、労働時間の削減と売り上げの向上という成果が出たときに、自分の手柄にしなかったこと。当初は最も強く抵抗していた「村の長」に、「あなたのおかげで改革を進めることができました」とお礼を言って、手柄を全部相手に渡したのです。

「すると、その瞬間に村のルールが全部入れ替わる。残業削減や効率的な働き方がパソコンのOSみたいにインストールされて、あとは特別なことをしなくてもルーティン化するんです」

おじさんたちの暮らし方も変わった

チェリオは残業時間を大幅に削減した一方で、直近の3年間で売り上げは15％増を達成しました。工場の稼働率も7割から9割に向上し、生産性は2割アップしています。

一人あたりの労働時間を減らしても業績は上がることが証明され、「長時間頑張らなければ稼げない」というおじさんたちの固定観念もすっかり覆りました。

「子育て中の若い社員は『早く帰って子どもをお風呂に入れられる』と喜んでいますが、おじさんたちも『趣味の釣りやゴルフに行ける』と言って自分の時間を楽しんでいますよ」

その言葉からは、「ほぼ全員がおじさん」という同質性の高い組織がアクションチェンジからマインドセットの段階に到達したことがうかがえます。

チェリオの働き方改革が成功したカギは、強いリーダーシップがあったことに加え、そのリーダーが権力ではなく信頼関係の構築によって組織を変えようとした点にあります。

冒頭でも紹介したように、菅さんは大学時代に先住民族の研究をしていました。「村の長」といった例えが出てくるのも、特定のコミュニティを研究する際の心得に通じるものがあるからです。

「ある部族を研究するときは、その集団の中に入って行って、どんな生活をしているのか、どこが自分たちの文化と違うのかを客観的に記録しなくてはいけない。あくまでも相手を理解することが重要で、『こんなふうに暮らした方が便利ですよ』というレコメンデーションはしません。組織に入り込むときも、基本は同じ。ただしこちらはビジネスなので、戦略を立てて会社としての目標を達成するには何をすべきかを伝えていくことが最終的には必要となりますが、その前に対象となる組織のコミュニティを理解することが不可欠。私が現場のことを教えてもらうラーニングから入ったのもそのためです」

おじさんを変えるには、まずおじさんを知ることから始めるべし。チェリオの働き方改革は、そんな心得を教えてくれます。

【「ミドル人材活用」のポイント】

- 組織を動かすキーマン（村の長）と信頼関係を構築
- 徹底した観察と現状把握のデータで仕事の無駄を省く
- まずは成功事例を1つ作り、それを材料に使って社内に取り組みを広める

おじさんたちが「働くママパパ」の日常を体験

～キリンホールディングスの「なりキリン」プロジェクト～

女性営業のアイデアからスタート

キリンビールやキリンビバレッジ、メルシャンなどを事業会社に持つキリンホールディングスは、「女性営業グループ」による「働き方改革」の実証実験で業績を維持しながら、残業時間を前年比51％削減することに成功しました。

それまでも働き方改革として、スマートフォンでの決裁承認や私物パソコンからの社内ネットワーク接続サービス、コアタイムなしのフレックス勤務制度、11時間のインターバル規制などを導入し、働く場所と時間の自由度を上げる取り組みを行ってきました。しかし、もともとビールという男臭い業界。おじさん中心の企業では、制度はあれど機能せず、という状態が続いていました。

そんな中、営業現場で働く女性社員たちの発案で始まった「なりキリンママ」という試みが、管理職世代のミドルたちを巻き込んだ全社的な研修制度「なりキリンママ・パパ」に発展します。この取り組みは、労働時間の削減と社員のマインドセットにつながる大きな効果を上げています。

ことの発端は、自分たちの働き方に疑問を持った若い営業の女性社員たちが、「出産後も営業を続けられるのだろうか」という漠然とした不安を解決したいと考えたことでした。

キリン全社の女性比率は約22％で、営業部門の配属はそのうち1割程度。育児をしながら外勤の営業職を続ける女性はごく少数です。

ホールディングスの中でも、特にビール会社は典型的な「男社会」だった時代が長い組織。取引先の飲食店が夜遅くまで営業しているという事情もあり、長時間勤務を容認する昭和のカルチャーが根強く残っていました。

それに危機感を持って立ち上がったのが、5人の若い女性営業でした。年齢は20代後半から30代前半で、いずれも未婚か、既婚でも子どもはいません。

その彼女たちが、「出産後の働き方がイメージできないなら、実際にママになるシミュレーションをしてみよう」と考え、そのための企画を提案。会社の了承を得て、実証実験を行うことにしました。これは私も審査員をしている「エイジョカレッジ」という200社が関わる「営業女性」だけのためのコンテストで大賞をとった企画です。

働くママと同じ条件で1ヶ月過ごす

彼女たちは社内にいる先輩営業ママたちにインタビューし、ママになりきるためのルールを設定。主なものは次の通りです。

・朝9時に定時出社（保育園のお送りを想定）
・夕方5時30分に定時退社（保育園のお迎えを想定）
・協力チームの外部企業からランダムに「子どもが発熱したので、迎えに来てください」と連絡が入る
・定時に帰れないときは、ベビーシッターを利用したと想定して罰金を払う

こうしたルールを約1ヶ月間守りながら、営業の仕事をするという試みです。出社や退社の時間を制限するだけでなく、子どもが発熱したという連絡が入ったら、たとえ客先にいてもすぐに帰らなければいけないというから、本気度の高さがうかがえます。

さらに彼女たちは、当初から上司や同僚を巻き込むことを想定し、3つの目標を掲げました。

1．自分たちで「営業ママ」を仮想体験する
2．上司にも、どのようなマネジメントが必要なのかを体感してもらう
3．同僚にも営業ママがいるチームを体験してもらい、そこから得たヒントを組織の運用に活かす

ルールを守るには、当然ながら上司や同僚の理解が必要です。5人の若い女性営業はそれぞれが周囲に説明し、担当取引先である小売店にも事情を伝えました。

大反対だった上司が賛成派に変わった

もちろん最初は、快く受け入れてくれる人ばかりではありませんでした。メンバーの1人が上司に話をすると、「営業は得意先や数字ありきの仕事だ。実際に子どもがいないのに、仮想ママとして仕事をするのは難しい。どうしてもお前しかできない仕事はどうするんだ」と反対されたと言います。

上司がおじさん世代であれば、当然予想される反応でしょう。しかし実際に実験が始まると、上司の反応は少しずつ変わっていきました。

彼女が実直にルールを守りながら仕事に打ち込む様子を見るうちに、いつの間にか仕事がしやすいようにサポートしてくれるようになったのです。それどころか、「今後は全部門でこの実験を実施すべきだ」と人事部に直談判するまでになりました。

この女性社員は、上司が変わった理由を「おそらく私を見て、『自分も将来、子育て中の部下を持つ可能性があるのだ』という具体的なイメージが湧いたからではないでしょうか」と分析します。

おじさんの意識を変えるには、「自分には関係ない」という他人事から自分事に切り替えることが不可欠。その意味でも、この「なりキリンママ」は非常に効果的です。

管理職のおじさんも「仮想パパ」に

しかも、このトライアルは業績においても驚くべき結果を出しました。この5人は残業時間を前年比で51％削減しながら、業績は前年の数字を維持したのです。なお、前年の数字は全国水準を上回っています。

これで、労働時間を削減しても営業成績が落ちることはないと証明されました。それどころか、時間あたりの生産性は大幅に上昇しています。

この結果を受けて、彼女たちは「全社で『なりキリンママ・パパ』の研修を行うこと」を会社に提言しました。性別や年齢、立場を問わず、あらゆる社員が時間に制約がある中での働き方を体験することで、子育て中の社員への理解が深まるだけでなく、自分自身が育児や介護でこれまでと同じように働けなくなったときにどう仕事と向き合えばいいかを考える機会になります。

こうして2018年2月から、「なりキリンママ・パパ」は研修として展開されることになりました。基本的なルールはそのままに、子育てが終わった世代や子どもがいない社員向けに「親の介護」と「配偶者の看病」という設定も追加されました。

スタート直後の2月から6月にかけては、営業部門と一部の内勤部門で実施。このうち4分の3が男性で、管理職の5割が体験しました。

人事総務部長の藤川宏さんも、その1人。人事として働き方改革を推進する立場である藤川さんにとっても、貴重な体験になりました。

「普段は朝7時に出社するのですが、勤務時間が変わるだけで見える景色がまったく違う。朝出勤途中に、子どもを保育園に送っていく男性を見たときは新鮮でした。呼び出しの電話は、組合との交渉中にかかってきてヒヤリとしましたね。制約を抱えながら働く人の気持ちが初めてわかりました」

残業が減って「理想のリーダー像」も変わった

長時間労働になりがちな営業部門の男性たちにとっては、この研修がかなり刺激的な体験になりました。キリンビバレッジ営業本部課長の吉良雅之さんは、「なりキリンパパ」で久しぶりに定時退社したと言います。

営業先から帰社するのは、いつも16時頃。それから3時間か4時間ほど内勤の仕事をこなすのが常でしたが、17時半退社となると残りはたった90分しかありません。「資料作りの時間を捻出するために、直行直帰を多用したり、移動時間が短くなるようアポを調整したり。訪問件数を減らすと翌月の成果に響くので、1件あたりの時間を短縮するために事前に資料を送ったり、メールを電話に変えてコミュニケーションも効率化しました。おかげで、時間に対する感度は上がりましたね」

子どもの発熱を知らせる電話が入ったのは、研修が始まって3週間目の朝9時。取引先に向かう直前でした。思わず「えーっ！」と声が出ましたが、「なりキリン」ではよほどの緊急事態でない限りルール厳守。先方に謝って、すぐに帰宅しました。

「結構しんどかったです」と本音を打ち明ける吉良さんですが、この研修後に第2子が誕生したため、「なりキリン」がいい予行演習になったそう。定時に帰った日は普段やっていなかった掃除や洗濯もこなし、「家族との時間が増えたのはよかった。長男が喜んで出迎えてくれるんです」と笑顔を見せます。

そして、吉良さんの上司である営業担当部長の岡田俊治さんにとっても、「なりキリン」はマネジメントスタイルを変える大きなきっかけになりました。

研修に参加したメンバーが定時で帰るようになったことで、他の部下たちも夜遅くまでダラダラと残業することが減り、上司の岡田さんへの報連相も午前中に持ち込まれるようになりました。それに伴い、「いつでもメンバーの悩みを聞けるよう、上司は遅くまで残って待機しなくてはいけない」という思い込みから解放されたのです。

「従来の『理想のリーダー像』にこだわらなくても、マネジメントはできる。それがわかったんです。私も極力早く帰るようになったので、妻はその変化にびっくりしています。妻は元キリン社員ですが、当時は結婚したら女性は辞めるのが当たり前でしたから、『私も残っていたら、もっと働けたかもしれないのに』と羨ましそうにしていました」

岡田さんは入社28年目。妻は専業主婦で自分が大黒柱というミドルシニア社員でしたが、それでも働き方改革が自分事になるきっかけがあれば、マインドは大きく変わるということです。

たった5人の女性社員の提案から始まった「なりキリン」プロジェクトは、女性だけでなく、ミドルを含めた男性の働き方を根本的に見直すきっかけとなりました。

残業が減ると手取り収入が減ってしまうため、報酬体系の見直しなどの検討材料は残りますが、それでもボトムアップで働き方改革を推進し、抵抗勢力になりやすいミドルをうまく巻き込んだノウハウは他社のお手本となります。

これまでに例を見ない「なりキリン」の取り組みは、おじさん改革推進の切り札となる可能性が大いにあると期待しています。

【「ミドル人材活用」のポイント】

- 女性社員発信で「時間制約型労働体験」の研修プログラムを企画
- 女性だけでなく、ミドルを含めた上司や同僚も巻き込んで実施
- 全社的な研修制度に拡大し、全ての社員が働き方改革を自分事にするきっかけに

「ロートネーム」でおじさんと若手の壁をなくす
～ロート製薬のジワジワ効く意識改革～

老舗企業が昭和のDNAからいち早く脱却

ロート製薬は、110年以上続く老舗企業です。CM等で「目薬のロート」のイメージが強いかもしれませんが、売上高の6割以上はスキンケア関連品、また4割近くを海外売上高が占めるように、大々的な「本業転換」に成功した企業でもあります。

『本業転換』（山田英夫・手嶋友希、KADOKAWA）という本の中で、老舗企業で本業からの転換に成功した会社と失敗した会社を比較している事例がありますが、そのキーは「いつ（タイミング）」「何（どの事業を選ぶか）」をやるかにあり、それらを判断するためには「組織の柔軟性」が欠かせない、と述べられていました。

そういう意味では、ロート製薬はまさに、老舗企業「らしくない」組織の柔軟性をもって、積極的な新規事業開発や人事制度改革を推進して、時代の変化を捉えた新しい組織へと進化している企業だと言えます。

山田邦雄会長は、4代目にして過去最高の収益を上げる辣腕経営者です。主力商品を一般医薬品からスキンケア製品にシフトし、再生医療分野にも進出しています。1999年に43歳で社長に就任して以来、まだ働き方改革という言葉がない時代から組織の変革に挑んできました。

事業を継承した時に自身もミドル世代の真っ只中にいた山田会長が、長年続く伝統的な組織を変えようと決意したのは、同社を取り巻く急速なビジネス環境の変化があったからです。

もともとは目薬の「ロート」と胃腸薬の「パンシロン」の二枚看板で拡大してきたロート製薬ですが、「商品が立派だと、どうしても守りに入る」というのが山田会長の懸念でした。

現実を見ればシェアもピーク時からじわじわと下がり、国内市場も縮小して、このままでは大きな展望は開けない。そう考えたことが改革の始まりでした。

部下から「邦雄さん」と呼ばれるCEO

ロート製薬のスキンケアコスメ「肌ラボ極潤」の開発現場を追ったテレビ番組を、私は大学の教材で使っています。そこで非常に印象的なのは、若い女性社員たちが会長に対して堂々と意見を言っていたことでした。

その秘密は、同社独自の「ロートネーム」にあります。

すべての社員はお互いに仕事の大切なパートナーであり、公平な立場であることを尊重するため、お互いが自分で決めたあだ名で呼び合います。役職者であっても、「○○部長」と呼ばれることはありません。経営トップの山田会長も例外ではなく、ロートネームの「邦雄さん」と呼ばれています。

「新しいことをやるには、若い人に活躍してもらわなくてはいけない。そのとき若い人から見て、ピラミッド構造の上の方で部長や本部長がふんぞり返っているのは、いかにも古いなあと思いましてね。私の先輩たちの年代は違和感があったようですが、事業戦略や製品について議論するのに立場なんて関係ない。最終的には責任ある人間が決めますが、その前の段階のコミュニケーションにおいては、役職によって発言が制限されるのはよくないと考えました」

同質性の高いおじさんばかりの組織は、どうしても自由な発言が阻害されがちです。その障壁を乗り越えるきっかけとして、ロートネームのような取り組みはささやかなようでいて非常に有効です。

オフィスのスタイルも変えました。部署ごとに部屋が分かれていたオフィスをオープンフロアにし、幹部は窓側ではなく通路側に座っています。山田会長の席も、オフィスの真ん中にありました。これにより、立場に関係なくお互いが声をかけやすい雰囲気が生まれています。

「名前の呼び方にしても、席の配置にしても、それですぐに仕事のやり方が変わるわけではない。でも漢方薬みたいなもので、劇的ではないがジワジワ効く効果があります。人間には『自由にやりたい』という気持ちと、『決まったルールの中でやる方がラク』という気持ちの両方があるものです。だからそのバランスを取りながら、ジワジワと進める。そんなことをこの20年間ずっとやり続けています」

他の日本企業と同様、ロート製薬にもミドル以上の男性社員が多数存在します。山田会長は新しい人たちの活躍しやすい環境を作る一方で、以前から組織にいるおじさんたちを切り捨てるわけではなく、常に古いものと新しいもののバランスを大事にしながら改革を進めています。

「新しい血を入れることも大事だし、古い人には古い人の良さがある。ただ、古いものだけで凝り固まってはいけないので、終始ミックスしていく。女性活躍と言っても、いい意味で男女が混じり合っているのがバランスとしては一番いい。どんなチームが最も活性化するかを、ずっと試行錯誤している感じですね」

おじさんを疎外するのではなく、多様性の一部として力を発揮してもらうのが「おじさん活躍推進」の基本ですが、ロート製薬はその点でも一歩先を行っています。

副業・兼業の解禁が管理職のミドルを変える

コロナで副業解禁に踏み切る企業が増えています。

早くから風土改革に取り組んできたロート製薬では、人事制度も他社に先駆けて改革を進めています。

2016年には「社外チャレンジワーク」と「社内ダブルジョブ」の2つの制度を制定し、副業と兼業を解禁したことが話題を集めました。前者は、土日祝日と終業後なら他で業務を行っても構わないというもの。後者は、社内で複数の部門や部署を兼務できる制度です。

若い世代が減少している今、優秀な人材の奪い合いが激化しています。そんな中、「社員に本当のやりがいを提供できているのか」という疑問があったと山田会長は話します。

下積み期間が長くて、自分の意見が通らないような企業に、若くてやる気のある人は来てくれない。新規事業に打って出るには、結局はいい人に巡り会えるかどうかが決め手になる。副業や兼業を解禁したのは、「働きがいがありそうな会社だ」と思ってもらうための仕掛けだったわけです。

とはいえ、副業や兼業する人が増えれば、上司のマネジメントは難しくなります。社内で兼業するには部門間の調整も必要で、評価についてもそれぞれの部門ですり合わせをし、ダブルチェックをする手間がかかります。それでも一度やってみることで、管理職のミドルたちを変えるきっかけになるのではと山田会長は期待しています。

「部下をこれまでの枠にはめて抱え込んでいたら、副業や兼業でどんどん逃げていってしまう。『ちょっと待て、うちの仕事は面白いぞ』と伝えなくては、自分の部下でいてもらえないわけです。すると仕事についても丁寧に説明するようになる。従来通りのマネジメントスタイルでやっていけないとなれば、上司も変わらざるを得ないでしょう」

改革をすれば誰もが経験のないことに直面します。それを乗り越えて新たな仕事のやり方を会得するのは容易なことではありません。それでも「大変なことも含めて、頭を使うことに意義がある」と山田会長。個人が仕事を組み立て、それが成功して全体に波及していくような組織に変えたいと話してくれました。

時間をかけて出来上がった組織の風土や社員の意識は、変化するのも時間がかかります。だからこそ焦らず、古いものと新しいもののバランスを見ながら、漢方薬のようにジワジワと効く手を打っていく。ロート製薬の事例は、長期的に取り組む働き方改革のお手本となりそうです。

【「ミドル人材活用」のポイント】

- 「ロートネーム」で年齢差、上下の垣根をなくす
- 古い人と新しい人のバランスを重視しながらチームを活性化する
- マネジメントが危機感を抱くような思い切った改革でマインドセットを促す

第4章

「ミドル人材活用」の担当者たちが本音を語る

本書は、ミドルシニア社員を活性化するためのヒントをお伝えする本ですが、この章では、企業の現場で働き方改革に取り組む担当者たちの座談会をお届けします。

ミドルシニアの現状を、企業の担当者の「生の声」を通じてぜひ知っていただければ、ミドルシニア世代の読者がこの本を手に取ってくれたとき、新たな気づきを得られるのではないかと考えました。

なお、座談会に登場する3人とも転職経験のある女性であり、「おじさん」中心の同質性の高い組織においてはいまだ少数派の立場です。そんな彼女たちの視点から、「おじさん」たちへの本音を率直に語ってもらいました。

耳の痛い意見もあると思いますが、気づきのきっかけになれば幸いです。

○出席者プロフィール（仮名、座談会内では敬称略）
・中田さん（オフィス機器メーカー勤務）
・根本さん（バイオメーカー勤務）
・伊藤さん（食品会社勤務）

居場所を失いたくないおじさんたち

白河：本日はどうぞよろしくお願いします。

一同：よろしくお願いします。

白河：早速ですが、皆さんの会社では、やはりミドルシニア世代がボリュームゾーンなのでしょうか。

中田：はい。私が勤めているのはまさに昭和レガシー企業で、シニアに近い年齢層が多いですね。ですから、長く活躍してもらうために役職定年を廃止したりと、シニアの活性化には割と早くから取り組んでいます。

根本：私の会社は55歳が役職定年です。そこでお給料が下がり、60歳で本当の定年を迎えて、再雇用されるとさらにまた下がる、といった形です。

伊藤：うちも同じです。役職定年と60歳の定年の二段階でお給料が下がります。

根本：だから、やる気をなくすおじさんが多いです。もちろん、出世していく人もいますが、同じ年代でもやる気のある人とない人にはっきり分かれます。**これはシニアだけの話**

ではなくて、ミドルでも先が見えてきて、「もう出世は無理だ」と思った人はガクッとモチベーションが低下します。

白河：でも40代のミドルなら、あと20年は会社で働くわけですよね。

根本：だから大きな問題なんです。最近は女性も出世するじゃないですか。それで女性が自分の上司になったりすると、余計にやる気がなくなるみたいで。あとは、昔の部下が自分の上司になるとか。

白河：ミドルシニアをモチベートするための研修などはないんですか。

根本：会社が育成しようとするのはやっぱり若い人たちですから、ミドル以降を対象にした取り組みはほとんどないです。

伊藤：うちの会社も役職者に対する研修はかなり手厚いのですが、それ以外のミドル社員に対してはハラスメント研修くらい。

中田：先ほども言ったように私の会社は役職定年を廃止して、できれば60歳以降も長く働いて欲しいという方針を会社として打ち出したので、定年前の50代後半の社員を対象にキャリア研修をやっています。それでも**「研修なんて受けるのは20年ぶりくらい」という人が多いので、今後はもっと早い段階から定期的に研修をやっていこうかという検討を始め**

ています。

白河：中田さんの会社では、ミドルに投資する価値があると判断しているわけですね。

中田：やはり働き方改革を進めるには、ミドルのマインドを変えることが不可欠なんです。**残業削減にしても女性活用にしても、働き方改革にひもづく課題を解決するには、職場で影響力を持つ管理職やベテランたちの意識を変えることはどうしても必要になる。**だからそのためにもミドル向けの研修に力を入れて行こうという流れになっています。ただ組織全体の年齢層が高いので、最近は年上の部下を持つ課長職が増えているのですが、部下のおじさんからすごく反発されるんですよ。何かを指示しても、**「俺はこのやり方でやってきたんだから変えたくない」って。そう主張することで、自分の居場所を確保したいんでしょうね。**

白河：居場所ですか。まさに会社＝居場所。他拠点がないわけですね。リモートワークやフリーアドレスに抵抗がある理由も、「居場所」問題ですね。

中田：最近も営業部門が新しいシステムを入れたのですが、やっぱりおじさんたちは使おうとしない。そのシステムを使えば仕事を大幅に効率化できるのに、古いやり方にしがみつくんです。会社がせっかく良い仕組みを用意してくれたのに、過去の成功体験が捨てられないんでしょうね。

伊藤：おじさんって、時代の変化に合わせて自分のやり方を変えるのが苦手ですよね。私は**パワハラの通報窓口も担当しているのですが、加害者は40代と50代が圧倒的多数です。**もしかしたらパワハラは生え抜きの社員に多くて、外から転職してきた人には少ないんじゃないかという仮説も立てていたのですが、実際は中途入社組も加害者になる。だからこの世代はどんなキャリアを辿った人でも**パワハラ的なコミュニケーションが当たり前という感覚が身についていて、それを今も変わらず続けているんじゃないかと。**

根本：自分が上司にパワハラ的な扱いをされてきたから、それを繰り返すってことですか。

中田：高度成長期のコミュニケーションは上意下達の指示命令がほとんどで、上司も「いいからやれ」と有無を言わさず部下に何でもやらせていたんでしょうね。それが今の時代はパワハラになる。だからうちの会社では、今まさに「時代の変化とともにコミュニケーションのあり方も変わっていますよ」とおじさんたちに教える研修をやっています。現在は周囲の人の話に耳を傾けて、チームの皆でどうするかを話し合っていかないと、イノベーションは生まれないし複雑化したお客様の問題も解決できませんよと。そうしたら40代の管理職が、**「自分は入社して20年になるが、今まで上司からは指示が飛んでくるだけで、**

一度も話を聞いてもらったことがない」と言うのでびっくりしました。

白河：上意下達ではないコミュニケーションがあることをそもそも知らないわけですね。でもパワハラ系の上司だと、周囲の人が「こんなやり方もありますよ」と意見できないから、それこそイノベーションなんて生まれなくなる。

中田：その研修をお願いした講師の方から、「上司が一方的な指示ばかりのコミュニケーションをしていると、指示待ち人間を量産することになる」と指摘されて、なるほどなと思いました。日本の組織を構成するのは、**言われたことを指示通りにやる真面目な人が大半で、他人から何を言われても自分の頭で考えて自己実現できるのはほんの1割程度しかいないそうです。**だからミドル世代の管理職がコミュニケーションを変えないと、部下たちも自分の頭で考えない指示待ち人間ばかりになってしまう。

根本：それでは下の世代も成長しないですよね。

伊藤：実はパワハラの被害者になるのは、指示待ちタイプの人間が多いんです。上司に言われたことを真面目に聞くので、上司も強く言いすぎてしまうんでしょうね。

家に居場所がないおじさんに在宅勤務は難しい

白河：ワークスタイルの変化に対しては、いかがですか。最近は在宅勤務やリモートワークなどの新たな仕組みを導入する企業が増えていますが、おじさんたちは活用できているんでしょうか。

根本：私の会社は在宅勤務を取り入れていますが、中高年の男性はなかなかやりませんね。おそらく家にいると奥さんに邪魔者扱いされるといった理由だと思いますが、もったいないと思います。うまく活用すれば生産性を上げられるのに。

白河：リモートは食わず嫌いが多いんです。おじさんに在宅勤務を強制するのは難しいですね。だから自宅以外のコワーキングスペースを会社が用意することも必要です。例えば味の素などはシェアオフィスをいくつも借りて推奨しています。

伊藤：私が今一緒に仕事をしているのもおじさんですが、最初のうちはやはり「家には奥さんがいるから在宅はちょっと」と敬遠していたんです。でも奥さんが体調を崩したときに、お子さんもまだ小さいから面倒をみる人間が必要だからと、初めて家で仕事をすることになって。それで**実際にやってみたら「すごく効率が良かった」と言っていました。だから一度体験してみれば、おじさんもメリットがわかるし、新しい仕組みを使うようになると思うんです。**

中田：うちの会社でもリモートワークを推進中ですが、新たな課題になっているのが遠隔でのコミュニケーションに対するリテラシーの低さ。これはおじさんだけでなく若い世代も含めてですが、**今まではフェイス・トゥ・フェイスで会話するのが当たり前だったから、メールやチャットで効率的にコミュニケーションする方法がわからないんです。**メールも一言で簡潔に済ませればいいのにダラダラと長文を書いたり、部下も上司に気を使ってなかなかチャットで話しかけられなかったり。

白河：「小職」とかから始まる長いメールを書いちゃいそうですね。特にミドルシニアは新しいツールに慣れるまでに時間がかかるでしょうね。フリーアドレスのオフィスも増えていますが、こちらはうまく活用されていますか。

中田：ダメですね。フリーアドレスを導入しても、結局は固定の席に座っています。

根本：うちもフリーアドレスですが、おじさんたちはいつも同じ席に座っていますね。しかも、周囲の人とコミュニケーションしやすいオープンアドレスではなく、区切られた集中スペースに一人で引きこもっちゃう。

伊藤：フリーアドレスをうまくチームの活性化につなげているところもありますよ。ある部門ではトップの提案で、「今日は血液型で分かれて座ってみようか」といったお遊び的な要素を入れているそうです。それで、「えっ、あなたB型だったの？」といった会話で盛り上がったりして。そのチームは上手に席をシャッフルしていますね。**ただ一方で、「フリーアドレスなんてとんでもない」という頭の固いおじさんがトップの部門もあって、そのフロアだけ治外法権みたいに皆が固定のデスクに座っています。**

白河：治外法権……おじさんにとって、「フリーアドレス＝自分の居場所を奪われる」という感覚なので、恐怖心や喪失感が大きい。そこは丁寧に導入の目的を説明してあげるなどのケアが必要かもしれません。労働時間の削減については、順調に進んでいますか。

伊藤：取り組みはしていますが、効果測定をどうするかという課題に直面しています。残業時間そのものは測定できますが、怖いのは「残業さえしなければいい」と思われてしまうこと。会社が残業時間の目標値を設定して、各部署で達成の度合いを測るようになると、残業しないことだけが目的になってしまう。本当はやるべき仕事をやらずに帰ってしまったり、あるいはやらなくていい仕事を自宅に持ち帰ったりといった混乱が生じます。

だから今は、業務内容そのものの見直しも始めています。例えば、業務の一部をアウトソースするとか。だから労働時間の削減については、まだまだ過渡期です。

中田：効果測定についてはうちの会社も悩んでいます。営業は売上の数字で生産性を評価できますが、バックオフィスは何で生産性を測ればいいのかが悩ましくて。

根本：私の会社は、各部署で仕事の効率を高めるための取り組みを行って、そのアイデアに対して社員たちが投票し、上位の部署を表彰する仕組みがあります。**単に「残業を何時間減らしたか」という数字だけでなく、取り組みの姿勢も評価するという考え方ですね。**ただ現実には残業時間も減っているし、その割には削減前と成果も変わっていない。「なんだ、労働時間を削ってもこれだけできるじゃないか」という空気は確実に社内に広まっていると思います。

「俺はちゃんとできているから」がログセ

白河：そもそも皆さんにとって、「おじさん」とはどんなイメージですか。

中田：やはり**固定概念が強くて変化を拒む**、という感じでしょうか。

根本：**「過去の栄光に囚われている人」**は多いですよね。しかもある程度の年齢で偉くなってしまったおじさんは、実務を部下やアシスタントに任せて自分は手を動かさなくなるので、役職定年を迎えて「ただのおじさん」になったときに大変だなと。今さら自分で手を動かすこともできないので、**「口ばかりで仕事をしていない人」**と見られてしまいそう。

伊藤：**私は「アップデートできない人」というイメージかな。**先ほどの話にもあったように、自分が上司に受けてきたパワハラ的なコミュニケーションから抜け出せないおじさんは多いのですが、「それはパワハラになるからダメですよ」と言われても、「じゃあ、どうすりゃいいの？」と言う反応しか返ってこない。自分で考えて新しいやり方にアップデートすることができないんです。だから最近はハラスメント研修で、具体的なコミュニケーションの方法まで詳しく教えています。「説明するときはきちんと理由を話す」とか「他人と比較しない」とか。

中田：でも、研修を受けても**「いやいや、俺はちゃんとできてるから」と言って変わろうとしないおじさんっていませんか？**　こちらは「できていないから教えるんですよ」と言いたいけれど、本人には悪気がないから難しくて。

伊藤：わかります。パワハラの加害者になるのがまさにそのタイプですから。**自分を客観**

視できないんですよね。だからパワハラを指摘しても、「俺は怒鳴ってない！」って怒鳴るという（笑）

中田：だから最近は経営トップと相談して、「部長職はこれまでの成功体験にしがみつくマインドが強すぎて研修をやっても効果がないから、その下の課長職から変えていこう」という方針になりました。そして部長職で明らかに問題がある人は、ポジションを変えたり落としたりするしかないだろうと。

白河：問題のある人物をそのままにすると、職場全体に悪影響が及びますからね。ハーバードビジネススクールの論文で、「有害人材で業績の良い人を雇った場合と雇わない場合のコスト比較」について書かれた論文があるんです[1]。それによれば、有害人材はチームの生産性を下げるし、周囲も有害人材にしてしまう。だから飛び抜けて優秀なスーパースター人材を雇うよりも、有害人材を雇わないことに注力した方が組織のパフォーマンスは上がるそうです。ある鉄工所がパフォーマンスの高い有害人材を解雇したところ、「1ヶ月もすると作業者の時間あたりの出荷単価が4割も向上し、以前よりも経営状態が上向い

1 Housman,Michael,and Dylan Minor."Toxic Workers." Harvard Business School Working Paper,No.16-057,October 2015.

た」と述べられています。

根本：わかります。パワハラをするような有害人材がいると、周囲はビクビクしちゃって何も言えない。でも本人は周囲を強制的に動かして会社から与えられたゴールを達成するから、上からは仕事ができる人間として評価されたりしますよね。

白河：仕事ができる有害人材……。これが日本の組織のパフォーマンスを下げている潜在的な原因かもしれないですね。

「あなたしかできない」が攻略のキーワード？

白河：では、組織の中にいるおじさんたちを、これからどうすればいいんでしょう？　企業の経営者たちは「金銭で解雇ができるようにしてほしい」と言います。特に40代ぐらいの経営者は非常にシビア。レガシー企業の経営者はまだ温情があると思います。しかし「おじさんをおじさん」に育ててきたのは企業なのだから、社会のためにも安易に放り出さず相応の責任を取って欲しいというのが私の考えです。皆さんの会社の本音としては、おじさんたちに辞めてほしいのか、それとも時代に合わせて変わってくれればまだまだ頑張って欲しいと思っているのか、どちらですか。

伊藤：どちらかと言うと後者ですね。ただやはり、おじさんたちをどうやって変えるかについては模索中。管理職向けの研修やハラスメント研修をやってはいますが、それも効果と費用の折り合いをどうつけるかが課題です。お金をかけても効果が出ないのでは困りますから。

中田：私の会社もおじさんたちには変わって欲しいと思っています。前職のＩＴ企業では、**研修を単発で終わらせず、コーチングを取り入れたプログラムを継続的に受けてもらっています。一度研修を受けたくらいでは、人は変わらないので。**

根本：うちも同じですね。変わって欲しいけど、どうすれば変わるかが問題。仕事の生産性を上げようとしないおじさんたちの根幹にあるのは、無意識の偏見だったり自分の価値観への固執だったりするので、そこをどうするか。

中田：その深層心理にあるのは、「自分の価値を認められたい」ってことだと思うので、会社がそれに応えてあげないと、おじさんたちは変わらないと思います。でもポストや給与で認めてあげることはできないから、それ以外の何かで補ってあげられるといいのですが。

根本：個人的な成功体験なんですが、一緒に仕事をしようとしてもまったく協力してくれないおじさんがいたんですね。だから思い切って、**「これはあなたにお任せします」とある業務を渡したら、少し時間はかかりましたがしっかり取り組んでくれたことがあるんです。だから「これは自分にしかできない仕事だ」と思えるような渡し方をすれば、目の前の仕事に邁進してくれるんだなと感じました。**

中田：それってまさに自分の価値を認めてもらったってことですよね。「あなたしかできない」とか「あなたならできる」と言われることも、存在価値になりますから。

伊藤：先ほど話した私と一緒に働いているおじさんも、似たようなことを話していました。その人はもともと別の部署にいた人で、今の仕事は彼にとって新しい分野なのですが、やってみたら以前の仕事で培ったスキルが活かせることに気づいたそうなんです。人の話をきちんと聞くとか、人をまとめるとか。その結果、**周囲の人から「ありがとう」と言ってもらえることも増えて、非常にモチベーションが上がったと言っていました。だから会社の中で自分がちゃんと機能しているという実感だったり、少しずつでも成長していると思えることって、この年齢になってもやっぱり大事なんだなと。**

白河：そうやって、うまく変わるきっかけを用意できればいいですね。企業の中には、特にミドルの中でも定年が近づいてきたシニア寄りの人たちに手をかけている余裕がないので、シニアだけの部署や組織を作って、「あとはどうぞお好きにやってください」と隔離してしまうケースも見られました。でも今は、隔離ではなく他の世代との融合を図るために努力している会社も増えてきているのかな。

中田：そうですね。他の世代と一緒に働くからこそ、「自分はあと数年で現場を離れるから、それまでに下の人たちを育てられるように頑張ろう」とみずから気づいてくれる人も出てくるのだと思います。

「名誉職」で評価されたい欲求に応えるのも手

白河：ただし経験が長いからといって、これからの時代に役立つことを若い人に教えられるかと言うと、必ずしもそうではないですよね。そこはどうすればいいんでしょう。

中田：確かにその問題はありますね。技術職などはまだベテランから学ぶことが多いと思いますが、**営業職などは仕事のやり方が昔とは大きく変わっているので、おじさんを指導役にするのもちょっと難しくて。**

根本：サントリーが**「隣のおせっかいおじさん・おばさん」**という活動をやっているの、ご存知ですか？　頭文字を取って「TOO」活動といって、役職を引退した後のベテラン社員が下の世代にアドバイスしたり、相談に乗ったりするというものらしいですが。

白河：面白そうですね。CEOならぬ「TOO」。おじさんはそうやって自分に肩書きがつくと嬉しいかもしれない。

根本：ただ正直なところ、若い人たちはおじさんから指導されるのがウザいと感じることもあるんじゃないかと思ってしまいます。

中田：今の管理職は忙しいので、ちょっとしたことを気軽に相談したくても声をかけづらいという話は若手からよく聞くんですね。だからそんな時、代わりに相談できるベテランが身近にいてくれるのは意外と嬉しいんじゃないでしょうか。ただし、**それも人間性のあるおじさんでないと難しいと思いますが**。

白河：そのためにも、コーチング、フィードバックなどの研修を受けてコミュニケーションスキルを磨いて欲しいですね。

根本：それで実際に下の世代から頼りにされて、職場にいい影響をもたらした人には何か名誉職みたいな肩書きをあげれば、やりがいになるかも。

白河：名誉職か、いいアイデアかもしれない。さっきのTOOみたいなカッコいい名前をつければ、モチベーションも上がりそうです。**ではおじさんを活性化するポイントは、「名誉職」と「やりがいを持てるような仕事」ということになりそうでしょうか。**

根本：そう、おじさんは仕事大好きですよね。だから早く帰らずにずっと会社にいる。

中田：でもそれって本当に仕事が好きなのかな。「この仕事を通して何かを成し遂げたい」という自己実現型の人は本当に仕事が好きなのだと思いますが、たいていの人は家に居場所がないから会社にしがみついているだけという気がする。会社の中には自分の役割があると思っているから仕事が好きなのであって、**何か別の場所、サードプレイスで役割を見つけられれば、おじさんももっと生き生きすると思うんですが。**

根本：以前、中高年社員の活性化策の一案として、役職定年などで給与が減ってしまう人たちには、兼業や副業を認めてもいいのではないかという意見が出たことがあります。日本の社会を支えるために長く働いて欲しいと本気で思うなら、社内に限らず、その人の能力を活かせる場を見つけてもらうことも必要ではないかと。それが本人のためにもなるし、外で経験したことや身につけたスキルを会社にリターンしてくれれば、組織にとってもメリットはありますから。

中田：ある人材会社では、会社側から**「40歳以上の社員はぜひ副業してください」**と勧めていると聞きました。社員の側も、副業の経験を生かして、ある程度の年齢になったら独立や転職を考えている人は多いそうです。

白河：40歳ですか。いいタイミングかもしれませんね。最近は霞が関でも「40歳定年制」が真剣に議論されているくらいですから。

おじさんには「当たり前を壊す力」が必要

白河：そもそも日本企業の場合、「自分はもう出世の見込みがない」とわかる時期が欧米に比べて遅くて、入社から約22年かかります。欧米では入社から数年で出世の見込みがあるかどうか見当がつくので、早いうちに他の業界や職種を探すことができますが、22年経ってから「次の道を探してくれ」と言われても遅いですよね。

中田：しかもその頃になると、そこそこいいお給料をもらっているから、あえて外に出ようとも思わない。

白河：45歳以上の人は、カーブは緩くなったとはいえ右肩上がりの給与制度が未だに適用されていますからね。皆さんの会社は、年齢が上がれば給与も上がる仕組みを変えるつもりはないんですか。

伊藤：そこまで思い切った改革の話は出ていないですね。

根本：うちもさすがに40代の給与を変えるところまでは……。

中田：やはり経営者は、給与を下げることによる社員のモチベーションダウンが怖いので、そこまでドラスティックに変えようとは思わないみたいです。でも私が前職で働いていたIT企業は厳しかったですよ。**事業部長クラスは全員を役員にして、雇用形態を契約社員扱いにするんです。それで成果が出せなかったら、契約が更新されず1年でクビ。だから他の会社でも、ある程度の年齢やポジションの人は契約社員にしてもいいんじゃないかと思うことはあります。**

白河：でも日本の雇用制度に守られて正社員としてぬくぬくと過ごしてきたおじさんが、いきなり契約社員になって1年でクビもあり得るとなったら、とてもやっていけないのでは？「あなたはクビだから転職してください」と言われても、難しいケースがほとんどでしょう。

中田：そうですよね、いきなりハシゴを外すわけにもいかない。もっと日本でも中途採用が活発化して、人材の流動性が高まれば事情は変わってくるのかなと思いますが。

根本：**ただ中途採用も、40代後半から50代になると厳しいでしょう？　履歴書が来ても、50代以上は目も通さない企業がほとんどだと聞いたことがあります。**

中田：森下仁丹がその世代を対象とした中途採用をやりましたよね。

白河：「第四新卒」の採用ですね。ただし、まだまだ特殊なケースです。これだけ環境が厳しいのだから、おじさんは頑張らなくてはいけませんね。**過去の成功体験やプライドにこだわらず、若い人たちをうまく育てたり助けたりしながら、自分でも成果を出せる人にならないと、**今の会社の中でも外でも必要とされなくなってしまう。

根本：私、**おじさんに必要なのは「当たり前を壊す力」じゃないかと思って。**自分が常識だと思っていることを変えられなくて、**「俺がルールだ」**みたいな人が多いけれど、これだけ時代が変化しているのだから、当たり前を壊さないとやっていけないはずです。

伊藤：おじさんでも、きっかけがあれば当たり前を壊せる人もいると思います。リーダー研修を受けた管理職が、今までの自分のやり方を反省して、**「俺が悪かった」と会議の場で若い人たちに頭を下げたこともありますから。**

白河：素晴らしいですね。「当たり前を壊す」というのは、つまりルーティンを崩すということですが、男性はなかなかそれができない。女性は結婚や出産などのライフイベントによって時間に制約ができる人が多いから、今までのルーティンを見直して新しい習慣を作ることもよくあるのですが、男性には難しい。「定時に帰れ」と言われておじさんたちが何に苦しむかと言えば、仕事があるのに帰らなくてはいけないことではなく、**ルーティンを崩すことなんですよ。**

根本：ただおじさんたちも、いつかは自分の生活を変えなくてはいけないときが来るはずですよね。自分が病気にもならず永遠に元気で、親の介護が必要になっても誰かが代わりに面倒をみてくれるという人でない限りは。

伊藤：私の会社でもありました。ある男性社員の奥様が亡くなったのですが、まだ小さいお子さんがいるので、今までと同じ働き方はできない。ところが、上司である部長や課長はどうサポートしていいかわからないというんです。それで相談窓口の私のところへ来て「どうすればいいですかね？」と聞かれたのですが、そうじゃないでしょうと。まずは本人にどんな支援が必要かを聞くことが先ですよね。

白河：プライベートを含めたお互いの事情を率直に話し合える場が必要ですね。男性だって何もないわけではない。家庭や私生活で色々ありつつ、それを隠して会社のために頑張っている人がほとんどです。でも本当は、そんな自分の**大変さや頑張りをきちんと振り返る場があれば、今度は部下や周囲の人たちに対しても、個々の相手の事情に配慮したダイバーシティマネジメントができるようになるのではないかと思います。**

会社の外に居場所がある人は下の世代にも慕われる

白河：最後に、皆さんの「理想のおじさん」像を聞かせてください。

根本：やはり私たちを**信頼して任せてくれて、でも必要なときは助けてくれるとすごく嬉しいです。**

伊藤：**ちゃんと周囲を見ている人ですね。**色々なことに目配りしているから、何かあればすぐに助けられる。パワハラをするおじさんって、見ていない人が多い。

中田：私は今、60代男性の部下がいるのですが、経験豊富で知識もあるから、困ったときに相談すると色々と教えてくれてとても助かっています。部下であると同時に、アドバイザーでもあるというか。意見の相違がある時もちゃんと私の言い分を受け止めてもらっている安心感があります。**「次の時代は中田さんが引っ張って行くんだから」と言って、一**

歩引いたところから手を貸してくれる。そこには「後進を育てたい」という気持ちがあるのだと思います。

白河：まさに理想のおじさんですね。

中田：その方は会社以外にもちゃんと居場所を持っていて、スクールに通ったり、NPO法人の活動に参加したりと**活動範囲がとても広い。**様々な場所へ出かけて行って、情報や知識を収集し、それをまた私たちに教えてくれたりするんです。会社以外のサードプレイスを楽しんでいるのがすごくいいなと思います。

白河：今の時代は、会社の仕事を一生懸命やるだけが自己実現ではありませんよとおじさんたちに伝えたいですね。今日は率直な意見を聞かせていただき、ありがとうございました。

一同：ありがとうございました。

第5章

「新しい人材」としてのミドル

第3章では、すでに社内にいるミドルシニアを活性化する取り組みについてご紹介しました。次に取り上げるのは、「新しい人材」としてミドル以上の採用を始めた企業です。自社の「おじさん」社員をリストラしたい企業も多い中、なぜあえてミドルシニアの人材を増やそうとするのか。その背景や取り組みの効果についてレポートします。

まず近年のミドルシニアの転職状況についてみてみましょう。雇用の流動化が進まないと叫ばれる日本でも、**近年はミドルシニア転職が増えています**。

少し古いデータですが、総務省の労働力調査によれば、２０１８年の転職者数は前年に比べて５・８%増の３２９万人で、８年連続で増加していると言います。またそのうち４割が中高年です[1]。

日経新聞は、「転職の年齢層にも変化が出ている。労働力調査を年代別にみると、10年前の２００８年は34歳までの若年層が全転職者の52%を占めていた。２０１８年は若年層が43%まで低下し、45歳以上の中高年層が38%と10年で11ポイント増えた」と報じています。

別のデータでもミドルシニアの転職の増加傾向は確認されています。一般社団法人日本人材紹介事業協会の人材紹介大手3社（ジェイエイシーリクルートメント、パーソルキャリア、リクルートキャリア）の転職紹介人数をまとめたデータによれば、2018年度下期の転職紹介人数は3万8316人で、前年同期比で23・3％増。転職時の年齢を2018年度上期と比較すると、30歳までの区分では僅かにマイナスだったのが、31〜35歳から上の区分ではいずれも5ポイント以上のプラス、特に40歳以上の区分は7・3ポイントのプラスでした。[2]

では、収入はどうなるのでしょうか。厚生労働省の「平成30年雇用動向調査結果の概要」によると、平成30年1年間の転職入職者全体の賃金変動状況（前職と比較）をまとめたものが図5－1となります。

これを見ると、全体では「増加」が37・0％、「減少」が34・2％、「変わらない」が27・2％と、「増加」が若干「減少」を上回る結果となりました。しかしこれを年齢別にみると、50〜54歳を超えると、「減少」の割合が「増加」を大きく上回るようになります。お金がすべてではないとはいえ、50代にとっては厳しい結果と言えるでしょう。

1 日本経済新聞「8年連続で転職増、4割が中高年　雇用の流動化進む」2019年4月27日
2 一般社団法人 日本人材紹介事業協会「人材協、職業紹介会社大手3社2018年度下期転職紹介実績を発表」2019年5月30日

図5－1　転職入職者の賃金変動状況別割合（前職と比較、年齢別）

	増加	減少	変わらない
19歳以下	48.5	19.3	28.4
20～24歳	48.6	25.4	24.4
25～29歳	46.6	27.8	24.9
30～34歳	44.7	29.2	24.4
35～39歳	39.5	29.6	30.2
40～44歳	41.4	24.3	31.7
45～49歳	38.9	29.5	30.7
50～54歳	26.9	37.7	33.2
55～59歳	24.9	46.3	27.2
60～64歳	14.2	70.5	14.0
65歳以上	20.4	43.8	33.1
計	**37.0**	**34.2**	**27.2**

出所）厚生労働省「平成30年雇用動向調査結果の概要」

では、内定できる可能性はどれくらいなのでしょうか。ミドル専門転職コンサルタントの黒田真行さんは記事の中で次のように述べています[3]。

「40代の転職活動では、平均応募社数は10・6社、応募後に書類選考に通過して面接まで進める割合は約35％（平均3・6社）。面接後に、内定にまで進む確率は約30％（1・4社）というのが転職活動の相場です」

つまり、10社受けて1社前後の内定という割合です。この数字を多いとみるか少ないとみるかは人それぞれでしょうが、数社受ければすぐに内定が決まる、というほど簡単なものではなさそうです。

かつて転職には「35歳限界説」が唱えられていた時期もありましたが、70歳まで働くことが奨励され、**人生１００年時代を控える今、ミドルシニアも転職を意識しなければならないことは確かです。**でなければ、自社で働けなくなったとき、内定を取るのに苦労したり、収入が減ったりするリスクが増してしまいます。

3　黒田真行「年収が…人手不足でも広がる『40歳からの転職格差』」ＮＩＫＫＥＩ ＳＴＹＬＥ 出世ナビ内連載「次世代リーダーの転職学」２０１７年7月7日

とはいえ私自身は、中高年層の転職は「収入だけ」ではないことを、取材を通じて実感しました。以下で紹介する事例の中では、中高年の「おじさん採用」に力を入れる企業と採用された人をともに取材し、企業がミドルシニア層を採用する意図や、採用される人を明らかにしていきます。**「幸福なマッチングとは何か」**を考えます。

また、キャリア開発の専門家が「第二の新人研修」と称して、ミドルシニア層を対象としたトレーニングプログラムを開発し、企業に提供する取り組みも始まっています。こちらもミドルシニアを「新しい人材」として育成し、時代のニーズに合った人材にブラッシュアップさせることを目指しています。

どんなミドルシニア社員が再就職に成功し、幸せに働き続けることができるのか？　そのヒントとなる事例をご紹介しましょう。

「オッサンも変わる。ニッポンも変わる」

〜森下仁丹の「第四新卒」採用〜

中高年の人材募集に2200人が殺到

「オッサンも変わる。ニッポンも変わる」

そんなキャッチコピーで中高年の幹部候補を募集する求人広告を出し、大きな話題を集めたのが老舗の医薬品・食品メーカーの森下仁丹です。

同社は「第四新卒」というオリジナル用語を使い、2017年から社会人として長年経験を積んだ人材を募集。「新卒」は学校を卒業したばかりの人、「第二新卒」は新卒で就職したものの3年から5年以内に退職した人、「第三新卒」は大学院の博士研究員の採用を意味する言葉として人材市場で使われていますが、さらに上の世代の「新卒人材」を示す独自のワードとして生み出されました。

実際の募集要項では「年齢・性別は問わず」としていますが、募集職種に「営業、開発、製造及び新規事業開発に関するマネジメント業務」とあること、冒頭に紹介したコピーや第四新卒採用のサイトで流れる動画のタイトルが「オッサンたちへ」であることからも、実質的には40代や50代以上の世代を意識しています。

なお募集要項には、応募資格として「会社を変革させる情熱、経験、能力のある方」とあり、「第四新卒」の定義を「社会人としての経験を十分積んだ後も仕事に対する情熱を失わず、次のキャリアにチャレンジしようとする人材」とするなど、意欲的なマインドを持つ人物を求めていることが伝わってきます。

この募集を受けて応募した人数は、なんと2200人（2018年1月時点）。人材難の時代において、これほどの数が殺到するのは異例です。

社長も「第四新卒」の転職者だった

この第四新卒採用を始めた背景には、2006年から経営トップを担った駒村純一元社長（現・特別顧問）の体験があります。

三菱商事で主に化学部門を歩んだ後、52歳で安定したキャリアを捨てて退社。当時、経営状況が悪化していた森下仁丹が会社の立て直しを担う人材を求めていることを知り、2003年にこの老舗企業に飛び込んだ経歴の持ち主です。つまり社長自身も、「第四新卒」として次のキャリアをスタートした経験があるということです。

駒村社長が入社した頃、森下仁丹は30億円の赤字を抱えて潰れかかっていました。創業120年を超える同社の看板商品は、社名にもある銀粒の医薬品「仁丹」です。海外展開にも力を入れ、1921年には日本の売薬輸出額の6割を占めるほどのシェアを誇ったものの、1982年をピークに売上は激減。戦後は医薬品というより、口の中をリフレッシュさせる清涼剤として販売戦略を展開していましたが、海外からミント系のガムが入ってきて日本企業も次々と同様の商品を発売したことから、シェアを大幅に奪われてしまいました。

その結果、2002年には出荷高がピーク時の10分の1にまで落ち込む事態に。駒村社長が入社したのは、そんなどん底の時期でした。

駒村社長が入社する前の森下仁丹は典型的な老舗企業で、中途採用はほとんどなく、生え抜きの社員が大半を占めていました。するとどうしても同じ価値観や考えを持つ人ばかりになり、組織の同質性が高まるため、新しいことにトライする意識も生まれません。そんな環境に危機感を抱いた優秀な人材ほど、早いうちに会社を去って行きました。

この状況を目の当たりにした駒村社長は、「新しい人材を入れて組織を立て直さなければダメだ」と決意し、積極的な中途採用を開始。外部の人材をどんどん管理職に抜擢しました。現在では、全体の約半数を中途採用が占めています。

当然、生え抜きの社員からは反発の声も上がりました。しかし第四新卒を採用募集するサイトで、駒村社長は当時をこう振り返っています。

「確かに軋轢はありました。でも実際に新しい人が来て結果を出していけば、それが刺激になって社内が活性化していくだろうと思ったんです。この会社は本気で変わろうとしているという意識を持ってもらうには、まず行動で示すことが大切でした」

外部から来た「よそ者」が新規事業を創出

こうして組織の体制を整えた駒村社長は、次に新たな会社の柱となる新規事業開発に取り組みました。

着目したのは、「シームレスカプセル」という技術。液体から粉末、微生物まで何でも包める継ぎ目のないカプセルです。これを企業向けのＢtoＢで展開したことが業績回復の転機となりました。

この技術自体は１９７０年代に確立されていましたが、主に自社製品にしか活用されていませんでした。銀粒仁丹の液体版を作る目的で開発された技術だったため、開発や営業も、医薬品や食品など「口に入れるものを包むことしか考えていなかった」のです。

しかし駒村社長は、「この技術はもっと多様に使えるはずだ」と目をつけ、香料や樹脂など非可食分野のほか、レアメタルの回収やシロアリ駆除といった産業用に展開するアイデアを着想。活用の視点が広がり、同社の新たな中核事業を創出しました。

イノベーションは「若者、バカ者、よそ者」から生まれると言いますが、まさに駒村社長の「よそ者目線」が高い付加価値を生み出したと言えます。ヒット商品がある会社ほど、社内の人材は過去の業績に囚われてしまいがち。視野が広がらないのです。

当初、社内からは「シームレスカプセルはコストがかかりすぎるから競争力がない」と否定的な意見が上がったそうですが、外部の目線を取り入れなければこの成功はなかったでしょう。

組織の中にいる人たちは意外と自分たちの強みに気づかないもの。すでに社内にある資源を最大限に活用するためにも、多様な人材の視点を持ち込むことが必要です。

取材した2018年1月時点では、森下仁丹の売上高はグループ全体で約110億円。森下仁丹ブランドで提供している健康食品や医薬品などのヘルスケア部門が売上高の約7割を占め、残りの約3割がシームレスカプセル事業です。

このオンリーワンの技術を武器に、同社の売り上げは駒村社長が就任してから10年間でほぼ2倍に急拡大しました。

応募者は50代が最多で、7割が男性

こうして業績の立て直しにめどがついたことで、駒村社長は「次の100年を見据えて、しっかりした組織作りを始めよう」と考えます。これが、第四新卒採用を始めるきっかけとなりました。

採用する人材としておじさんを含むミドルに目をつけた理由は、社内の年齢構成のいびつさです。業績が低迷した時期に多くの人材が流出したため、ある部門では55歳以上の社

員しかいなかったり、ある部門では40代と50代が抜けていたりしました。

特に開発部門は若手が多く、グループリーダーは30代から40代が中心。どうしてもプレイングマネジャーになってしまい、マネジメントに集中できない状態でした。

そこで、まずはしっかりとしたマネジメント体制を作ることが現状を解決する策だと考え、中高年層にフォーカスし、若手の教育も含めてきちんとマネジメントできる人材を採用することになりました。

２０１７年3月に日本経済新聞に広告を出したところ、ネットニュースのトップに掲載されたこともあって、先ほど述べた通り２２００人の応募がありました。応募者の年齢は50代が最多で、７割が男性、３割が女性でした。

その中から、２０１７年9月までに10人が入社。今回の第四新卒はいったん終了し、今後は必要に応じて随時採用していく予定だということです。

具体的な給与は提示せず、「能力に応じてお支払いします」とだけ説明したにも関わらず、これだけの人数が応募してきたことに改めて驚きを感じます。人材エージェントを通じて募集する場合、待遇や募集条件について細かい情報を開示しなければ、人は集まらないのが一般的です。

当時の広報・マーケティング担当部長の方も、その反響の大きさに大変びっくりしたと話します。

「面接で話を聞くと、皆さん様々な事情を抱えていました。今回採用した人の中に、IT企業で働いていた48歳の男性がいます。『IT業界なんて、この年齢になったら仕事がないですよ』という言葉が印象的でした。元はマイクロソフトでバリバリ仕事をしていて、その後何度か転職して求職活動中でしたが、求人自体がなかなかないそうです。親の介護のために実家に戻らざるを得なくなり、前の会社を退職した人もいました」

女性が出産や介護で一度退職してブランクがあると再就職が難しいと言われますが、男性も事情は同じです。もちろん、在職中の人が応募してきたケースも多く、「今の会社で長年働いてきたが、求人広告を見たときに自分が呼ばれていると思った」と話す人もいたそうです。

背景は様々でも、「給与や待遇は関係なく、自分の能力を活かせる場があればぜひ働きたい」という声が多く聞かれたと磯部さんは教えてくれました。

どの会社でも40代や50代になると仕事がルーティン化し、新しいことにトライしにくくなります。日本的な年功序列型の組織の中で、やりたいことがあっても自分に与えられた役割の範囲内のことしかできないのが現状です。

だからこそ「オッサンも変わる。ニッポンも変わる」というキャッチコピーが心に刺さった方が多かったのかもしれません。

採用されたのは「困難にチャレンジできる人」

では、実際に採用されたのはどんな人材だったのでしょうか。

入社した10人に共通するのは、人事部の永田愛子さんいわく「『会社が大変な状況だ』と言われるほど、やる気が湧いてくるタイプ」。同質性の高い集団の中でことなかれ主義に陥っているおじさんとは正反対です。

このタイプを採用した理由は、過去の失敗にあるといいます。かつて他社の幹部経験者を中途採用したとき、人材不足が深刻な上にシステムも未整備で何もない状態でした。そこへ入ってきた中途採用者の中には、「これではどうすることもできませんよ」と言うだけで、一緒に改革を進めようとする意識を持ってくれない人もいました。

たとえ他社で実績がある人でも、森下仁丹のようにリソースが限られる組織では、大企業での成功体験が必ずしもプラスになるわけではありません。

今回採用された10人は、もといた業界や職歴もバラバラで、決して華々しいキャリアを持つ人ばかりではありません。それよりも、問題山積の状況に直面しても驚かず、チャレンジしながら取り組んでくれる人が選ばれました。

さらには、経験やスキルを超えた「総合的な人間力」をかなり重視したとのこと。そのため面接は入念に行い、最大で8回受けた人もいるほどです。

「どれだけ腹を割って周囲と話せるか、メンバーたちと協業できるか。そこを重視しました。弊社が第四新卒人材に期待するのは、マネジメントとして下の世代をしっかりと育成することです。それには人の話を何でも聞いてあげられる姿勢が必要ですし、話しにくいことも安心して打ち明けられるような人間味ある人が向いています」

社内にある技術や業務、企業文化などを下に伝えながら、永続できる会社にすること。第四新卒のミドルたちには、そんな大きな期待がかかっています。

森下仁丹の第四新卒採用は、眠っていたミドル人材を揺り起こしました。昭和レガシー企業の中でくすぶっているおじさんの中にも、本来持っていた情熱や「これをやりたい」

という意欲が目覚めれば、長年培った経験や能力を活かして活躍できる人材がたくさんいるはずです。

企業は若手や女性の採用だけに目を向けがちですが、実は人材市場に「ミドル」というブルーオーシャンがあったことを森下仁丹の事例が教えてくれます。

【「ミドル人材活用」のポイント】

- 「第四新卒」としてミドルを対象に中途採用を実施。十分な経験や能力はあるが転職市場で受け皿がない世代を新しい人材として活用する視点で、応募が殺到。
- 人間的な総合力が問われる
- 転職希望者は給与や待遇だけでなく「自分を生かせる場所」を求めている

「第二の新人教育」でおじさんのキャリアを作り直す

～「キャリア・シフトチェンジ（CSC）」プログラム～

雇用の延長が中高年教育の必要性を生み出した

ミドルやシニアを組織の貴重な戦力として活用しようとする取り組みは、企業だけでなく、キャリア開発や人材育成の専門家たちの間でも近年広がりを見せています。

２０２１年４月から通称「70歳就労法」も施行されます。その手段として定年制の廃止や定年延長を選択する企業は少なく、55歳を役職定年とし、60歳で定年で、その後再雇用する企業が大半です。

再雇用後は、正社員ではなく嘱託や契約社員などに雇用形態が変わることがほとんどで、給与や役職は下がります。かつての部下が自分の上司になったり、これまでは部下に任せていた事務作業も自分でやらなくてはいけなくなったりと、組織の中での役割や立ち位置も大きく変化します。

この変化を受け入れられないベテランたちが、職場で孤立したり、お荷物扱いされてしまったりといった問題が、今多くの企業で起こっています。活躍できない人材を雇い続けるのは企業にとってコスト増でしかありませんし、モチベーションを失ったまま仕方なく働き続ける姿を見せれば、下の世代の人たちにも悪影響を及ぼします。

日本企業のボリュームゾーンである45歳以上のミドルたちも、10年や15年もすれば大半が60歳以上の再雇用組に突入します。そのとき、彼らが組織の中で活かされず、塩漬けになってしまうのは日本経済にとっても大きな損失です。


これに危機感を持った専門家たちは、ミドル以上の世代が生き生きと活躍し続けるための取り組みを始めています。

その一人が、学習院大学特別客員教授の山﨑京子さんです。人と組織に関する研究を専門とし、現在はＮＰＯ法人日本人材マネジメント協会の副理事長や中央職業能力開発協会のＣＳＣ・スーパーバイザーも務めています。

山﨑さんは、２０１０年頃から「シニアの戦力化」という課題を日本人材マネジメント協会内のプロジェクトで取り組み、定年後も活躍できる人材を育成するための能力要件の定義と研修プログラムの開発を始めました。

キーワードは「第二の新人教育」。職業人生のある時点で、定年に向けたキャリアの見直しと再設計を行い、雇用形態や賃金体系、組織内での役割が変わっても、新たな環境で自分の能力を存分に発揮するための学習機会を提供することを目指しました。

日本人材マネジメント協会と中央職業能力開発協会の共同開発で生まれたこの研修プログラムは、現在は「キャリア・シフトチェンジ（ＣＳＣ）・ワークショップ」という名前で企業や各種団体に提供されています。内閣官房内閣人事局でも採用され、各省庁に勤める国家公務員たちを対象としたＣＳＣのワークショップも開催されています。[4]

求められるのは「変化に対応する力」

ワークショップの内容は、「プラットフォーム能力」の現状整理と今後の行動計画の策定が軸になっています。

プラットフォーム能力とは、ひと言で表すなら「変化対応力」です。環境の変化を受け入れ、自分の態勢を立て直し、組織内での新たな自分の価値を見出す能力を意味します。

これはまさに中高年世代に必要とされる能力です。組織で活躍できず持て余されてしまうおじさんの最大の特徴は、「外部環境の変化に目を向けていない」という点です。

グローバル化やIT化によって変化のスピードが加速している今、企業はそれに応じて戦略を変えなければ生き残れません。にも関わらず、「自分は変わりたくない」という社員がいれば、会社から冷たい目を向けられても仕方ないでしょう。

昭和のメンバーシップ型雇用の幻想を引きずり、「企業は自分をずっと守ってくれる」と呑気に思い込んでいたり、逆に「今まで会社の言う通りにやってきたのに、なぜ今さら変われと言うんだ」と愚痴を言ったりするだけでは、会社に必要とされない人材のまま終わってしまいます。

山﨑さんによれば、ミドルからシニアにかけては、仕事の型を「自分型」から「市場型」へ作り直す時期に当たります。

社会に出たばかりの若手社員がまず求められるのは、社会人としての基本姿勢や仕事の

4　「キャリア・シフトチェンジのためのワークショップインストラクター養成研修」中央職業能力開発協会
https://www.javada.or.jp/shift/index.html

段取りなどの「基本型」です。そしてミドルになると、これまでの経験や挑戦してきた課題を通して自分なりのやり方を学習する「自分型」が加わります。

しかしシニアになると、社会や企業から求められる役割が変化し、「自分型」のスキルや能力が再評価されて、「労働市場や社会においてどれだけの価値を持つか」が問われるようになります。これが「市場型」へのキャリアの作り直しです。

この「自分型」から「市場型」へのキャリア・シフトチェンジがスムーズに進めば、本人も社会や組織から必要とされ、生き生きと働き続けることができます。

そのためにもプラットフォーム能力の大切さを知り、今後の行動を変えていくきっかけを作ることがワークショップの目的です。

現在のプラットフォーム能力を診断

プラットフォーム能力には、次のような力が含まれます。

・「私（わたし）」創造力（セルフ・コントロール）

→自分のキャリアを作り直す過程で生まれる心理的葛藤を乗り越える力。

例：環境変化に対して気持ちを切り替える思考、常に前向きに捉えるポジティブ思考、自分の感情や気持ちを俯瞰して客観的に捉える思考、自発的に考えて行動する姿勢、メンバーの一員として仕事と接し自分の存在場所を創れる姿勢など

・「お仲間」構築力（ヒューマン・タッチ）

→組織の肩書きに頼らず人間関係を構築できる力。

例：人と自然体で接する行動、相手の感情に配慮した適切な行動、自発的に交流の機会を創出できる行動、相手に関心を示し積極的に関係を構築する行動など

・「お一人様」仕事力（オペレーション・スキル）

→煩雑な仕事も他人任せにせず自己完結できる力

例：精神的・肉体的なフットワークの軽快さ、ＩＴ関連のソフトやツールを活用できる情報リテラシー、計画や進捗確認を適切に行える段取り力など

ワークショップでは、こうした力が現在の自分にはどれくらいあるかを2種類の診断シートを使ってチェックします。また、プラットフォーム能力に欠けるビジネスパーソンの架空の行動事例をもとに、「この人物の行動・意識の何が、活き活きと働き続けるうえで

問題となるか」を参加者同士で話し合うグループディスカッションも行います。

最後は、診断結果を踏まえて、「自分にはどのプラットフォーム能力が必要か」「それをどのように維持または改善していくか」という今後に向けた行動計画を作成します。

この一連の作業を通して、参加者は自分を振り返り、長く働き続けるために身につけるべき能力を理解して、実際のアクションに落としこむことができます。これにより、定年を迎えたときに起こる変化を前向きに受け入れ、自分の能力を活かして頑張っていこうと思えるモチベーションの創出を目指します。

シニアを変えるには、ミドルから

研修を始めた当初、山﨑さんたちが対象としたのは定年を間近に控えた人たちでした。ところが実際にプログラムを提供してみてわかったのは、「シニアを変えるには、ミドルの頃から意識改革に取り組まなくてはいけない」ということです。

「60歳になって急に意識や行動を変えようとしても、やっぱり無理なんです。少なくとも役職定年を迎える前から意識改革に着手し、10年ほどのリードタイムを経て、ようやく60

歳で新たな役割を受け入れることが可能になる。だから逆算して考えると、この研修はミドルにこそ受けてもらうべきだとわかりました」

しかし山﨑さんたちがミドルの参加を提案しても、企業がCSC研修を受けさせるのは60歳直前の社員たちがほとんどでした。なぜなら、ミドルが定年後のことを考えられては困るというのが企業の本音だったからです。

40代のうちは、「これからもっと出世できるかもしれない」という淡い期待を抱いている管理職も多い時期です。鼻先にぶら下げられているのが本当は手に入らないニンジンであっても、会社としてはその夢を見続けさせることでミドルのモチベーションを保ち、組織の力を維持したいという思惑があります。

よって、まだ働き盛りの40代に「このままではあなたの定年後の活躍の場はなくなる」という現実を見せるような研修はやりたくないし、予算も取れないという企業が大半です。

その一方で、ミドルには研修の潜在的なニーズがあることも明らかになってきました。企業や団体の研修担当者のもとには、「本当は研修を受けてみたい」という管理職世代の声が届くことが多いからです。

ところが40代が参加を希望すると、上司から「お前はもう第二の人生を考え始めたのか」という非難の目で見られるのが怖くて、なかなか手を上げられないという現実があることがわかってきました。

今いる会社の中で出世することがすべてという同質性の高いおじさん組織では、全員が1つの山の頂上をめがけて登っていくことだけが「キャリア」であるという価値観が根強く残っています。その山登りレースから外れて他の山を登ってみたいとか、頂上に到達できなかった後のことを考えたいという価値観は、どうしても排除されがちです。

しかし山﨑さんは、これからのミドルに必要なのは「この山を登る以外の選択肢もある」と気づくことだと話します。

「日本企業では職能資格制度による人事管理が行われてきたので、いまだに『キャリアとは社内の等級を上げることだ』と考える人がほとんど。でも今は高度成長期と違って全員が出世できるわけではない。どこかのタイミングで、ひたすら山の頂上を目指す以外の楽しみ方もあることに気づいて欲しいのです。下から登ってくる人に手を差し伸べて助けることも1つの楽しみ方だし、上に登らず今いる平地でハイキングを楽しんでもいい。だから一度立ち止まって、自分はどの道を進み、そこでどのような役割を果たせるのか再認識してみましょう、というのが私たちの提案です」

50代社員にCSC研修を実施する企業が増加

最近では山﨑さんの理念が少しずつ企業の担当者にも受け入れられ、研修を受ける社員の年齢は段々と下がっています。40代はまだ少ないものの、50代を対象に研修を実施する企業は着実に増えてきました。

その一例が、半導体・電子部品メーカーの新日本無線です。同社では2016年3月に定年後の雇用制度を見直し、3つの選択肢を用意しました。それ以前は、定年後は「シニアエキスパート」という肩書きになり、全員が一律の処遇で働いていましたが、見直し後は「シニアエキスパート」に2つのコースを用意。従来の定年後と同様の働き方を選べる「スタンダードコース」と、より高いレベルの仕事内容と処遇で働く「チャレンジコース」です。このほか、社外でのキャリアを希望する社員に対して一定の条件のもとで支援金を支給する「社外転身コース」も設けられました。

このように、シニアが能力を発揮できる仕組み作りに力を入れている新日本無線では、同じく2016年からCSC研修を行なっています。対象者は、年度内に50歳を迎える全社員。希望者だけが受けるのではなく、全員の受講が必須です。

基本のワークショップに加え、雇用延長に関する人事制度の説明や雇用延長者に対する会社からの期待と役割を伝える時間も設けて、60歳以降に期待される役割の明確化と、それに伴って必要となる意識の切り替えに重点を置いています。会社から何を期待されているのかを理解することで、プログラムの内容がより自分事に感じられるように工夫された実践的な内容になっています。

医療機器メーカーのモリタも、CSC研修を熱心に実践している会社です。

同社では、55歳の社員を対象にワークショップを実施。また、中央職業能力開発協会によるCSCのインストラクター養成研修を受けた社員たちが自主的な研究会を発足させるなど、ミドルやシニアの能力開発に真剣に取り組んでいます。

「漠然とした不安」から「適切な不安」に

こうして実際に研修を受けたミドルたちには、明らかな変化が見られます。

一番多いのは、「自分が何者で、今後どうやって人生を切り開いていけばいいかを考えるきっかけをもらった」という声。まるでモヤモヤした霧が晴れたかのように、ワークショップの終わりには前向きな笑顔を見せる人が続出します。「こんな資格を取りたい」「パソコンのスキルを習得したい」といった具体的なアクションを今後の目標に掲げる人も多いそうです。

ミドルたちも、決して自分たちがこのままでいいとは思っていません。60歳以降も働き続ける未来が現実になりつつある中で、今後への不安は誰もが抱いています。問題は、それが漠然としていて明確な問題意識にまで発展しないことです。

「ミドル世代も危機感はあります。ただし、あくまでも漠然とした危機感であって、適切な危機感ではない。適切な危機感があれば、適切な対処法も考えられますが、漠然とした危機感は漠然とした不安しか生みません。だからその危機感を適切なものに切り替えて、適切なキャリア形成につなげていくことが不可欠です。そして、『自分のキャリアは自分で作る』と腹をくくることが大事です。ただし、それは個人ではなかなかできない。だから会社がこのワークショップのようなきっかけを作ってあげる必要があります」

中高年の人事評価改革が急務に

また山崎さんは、ベテラン人材が能力を発揮するために、会社が中高年の人事評価を見直す必要があるとも指摘します。

特に再雇用以降のシニアに対しては、大半の企業が適切な人事評価を行なっていません。学生アルバイトのように、「時給いくら」の一律で給与を設定しているケースが大半です。つまり成果を出しても出さなくても、評価や給与は変わらない。これではモチベーションが下がるのも仕方ありません。

その前に役職定年を経験している人なら、50代で一度キャリアダウンしたところに、二度目の大幅ダウンがやってくるわけですから、なかなか気持ちが上向くきっかけがないのが現実です。

これはシニアの問題だけではありません。「俺は給料も半分になっちゃったしさ」などと愚痴を言う人が一人いるだけで、若い人たちを含めた職場全体の生産性に悪影響を及ぼします。「自分も将来はああなるのか」と思えば、下の世代の士気は下がって当然です。

それに頑張っても評価されない環境では、「どうせ何をやっても同じ」と言う投げやりな感情が生まれ、会社にとってマイナスの行動をとる人間も出てきます。今問題になっているバイトテロならぬ「中高年テロ」が起こってもおかしくないのです。

これから多くのシニアを抱えることになる企業にとって、これは大きなリスクと捉えるべきです。

山﨑さんが提案するのは、中高年も成果に応じてきちんと評価し、パフォーマンスが高い人には相応の報酬を支払うこと。しかも結果を出したらすぐに見返りを出す「短期的な支払い」であるべきだと進言します。

若手社員は中長期的なスパンで育成し、会社の中核を担う人材になった数年後から10年後にリターンを返す「長期的な支払い」で構いませんが、中高年はすでにこれまで積み上げてきた経験やスキルがあります。よって、結果に対してすぐ報酬を出す仕組みに変えるだけでも、ベテラン人材のモチベーションは大きく向上するはずです。

ただし、中高年の人事制度を変えれば、その下の世代の人事制度との接続の問題が生じます。多くの日本企業では社内の等級によって給与を支払う職能資格制度（メンバーシップ型）で運用していますが、短期的な支払いは欧米で一般的な職務等級制度（ジョブ型）

に該当します。

よって、若手と中高年の間のどこで切り替えをするのか、そもそも若手も早い時期からジョブ型で評価すべきではないかといった議論も同時にする必要が出てきます。そうなれば、中高年だけでなく全社的な人事制度の設計や賃金体系、人件費の配分など、すべて要素を見直さなくてはいけなくなります。

それには数年の時間がかかりますが、早くからこの課題に取り組んできた企業の中には、全面的な人事制度改革を実行したケースがすでに出始めています。

おじさんたちは、本当は頑張れる世代

山﨑さんは、「結局のところ、中高年社員の問題は昭和から続いてきた『正社員男性モデル』が限界に来ていることの表れ」と指摘します。

「日本企業の制度は、現役の男性正社員だけで組織を回すことを前提としています。だから役職定年後や再雇用後の中高年の活躍の場がない。女性や海外人材が活躍できないダイバーシティの問題も、根本は同じ『正社員男性モデル』にあります。これが限界に来てい

るのだから、多様な人たちの多様なあり方を企業が認めて、それを活用する方向に人事制度も変えていくしかない。中高年の活躍の場を作ることも、そのための施策と位置付けるべきです」

さらに山﨑さんは、「おじさんたちは、本当は頑張れる世代」と評価します。今は会社で持て余されている中高年も、きっかけさえあれば現役世代に負けないくらい組織に貢献できる「新しい人材」に生まれ変わる可能性を秘めているというのが山﨑さんの実感です。

「彼らはもともと栄養ドリンクを飲んで24時間頑戦ってきた世代ですから、根は頑張り屋さんです。ただし今は自分の目が組織の中だけに向いているから、『自分はもう評価されていない』とやる気を失っている。でも、今までとは違う役割や場所で自分の頑張りを活かすことができるとわかれば、もう一度前向きな気持ちが目覚めると信じています」

山﨑さんの言葉は、まさに「おじさん活躍推進」のポイントになる視点です。「おじさんは変わらないもの」として持て余すのではなく、「きっかけや気づきの場があれば、まだまだ会社に貢献できる」という前提で考えることが、ミドルやシニアに能力を発揮させるための必須条件です。

これまでの日本企業では、人材育成の対象は主に若手でした。しかしこれからは、ミドル以上の世代にこそマインドセットにつながる学びの場が求められます。「第二の新人教育」は、高齢化する日本がおじさん人材を活用するための重要なキーワードになるはずです。

【「ミドル人材活用」のポイント】

- ミドルからシニアにかけて、仕事の型を「自分型」から「市場型」へ作り直す
- 変化に対応する「プラットフォーム能力」を養う
- 研修はシニア直前では遅い。できれば40代から

第6章

変わるマネジメント
～これからの時代に求められる「ミドル人材」とは～

働き方改革は「マネジメント改革」とも言われます。例えば、いまだにハンコを「上司にお辞儀しているように」傾けて押さなければいけない会社があります。シャチハタも「角度を揃えて押せる」ハンコを作っているぐらいです。私はその原因こそ、「日本には働き方のマネジメントがなかったからだ」と思っています。

昭和の時代は、同質性の高い集団が一律の働き方をしていたので、管理職が「あれをやれ」と命令すれば、部下たちは素直に従いました。24時間いつでも「やります！」と言ってくれました。ちょっと怒鳴っても「パワハラだ」なんて誰も言いませんでした。

しかし、今はそうはいきません。多様な働き方や暮らし方をする人が組織の中に共存する現在は、管理職がメンバーの働き方をどうマネジメントするかが重要となります。

特にコロナ下では「リモートマネジメント」で「離れたところにいるチームのマネジメント」という新たな課題ができました。多様な働き方をする多様性を持つ部下たちの個々の力を最大限に引き出し、チームで成果を上げることが問われる「ダイバーシティマネジメント」が求められます。

多くの日本企業において、管理職の大半はミドル以上の世代です。つまり、同質性の高いおじさんが役職を占めているのが現状です。働き方改革を進めるには、このおじさんたちが今の時代に適したマネジメントを行うことが不可欠です。そういう意味で、働き方改革とは、いわば「マネジメント改革」でもあるのです。

そもそもマネジメントとは「自分のチームが最大限にパフォーマンスを発揮するべく、力を尽くすこと」です。その要素を分けると、次のようなものが挙げられます。

・リソースの適正配分
・チームの業務設計
・チームの管理とコミュニケーションの改善
・適正な評価……etc.

私がこうした話を働き方改革の講演でしたとき、「そんなに仕事が増えたら、管理職は大変になるばかりではないですか」という意見がありました。たしかにその通りです。しかし、そういった大変な部分を担っているからこその管理職なのです。

実際に周囲の人事担当者からも「年1回の部下との面談ですら実施率が低い」「部下とのコミュニケーションをほとんどしていない。ひどい場合は『面談したことにしておいて』と部下に言う上司もいる」「そもそも育成するべき社員像などが上司の中にない」といった嘆きを聞きます。つまり、今の日本で本当の意味でマネジメントできている人はごく少数なのです。

コロナ下で「対面で会わないからマネジメントできない」という人がいましたが、そういう人は大体リアルでマネジメントをしたつもりになっていた人です。実はリモートになってもマネジメントがやることは変わりません。

これからのマネジメントを理解していないミドルシニア人材が未来の会社で生き残ることは、そうとう難しいのではないかと思います。

管理職に必要なヒューマンスキル、概念化スキル

中央大学大学院戦略経営研究科の佐藤博樹教授は今のビジネスパーソンに必要な3つのスキルをこう定義しています。

1．テクニカルスキル（業務遂行に必要なスキルでOJTで身につく）

2．ヒューマンスキル（部下を育成したり、部下とコミュニケーションをとり部下が意欲的に働けるようにする）

3．コンセプチュアルスキル（概念化スキルで理論的な学びが必要となる。状況を分析し戦略を立てるなど）

課長では「ヒューマンスキル」が，部長になると「コンセプチュアルスキル」の必要性がより高くなります。つまり、役職が上に行くほど「コンセプチュアルスキル」が必要とされる比重が上がります。

問題なのは、テクニカルスキルがあっても、他の2つのスキルがない管理職が多いことです。管理職として必要な「ヒューマンスキル」や「コンセプチュアルスキル」などを欠いているにも関わらず、「テクニカルスキル」による成果が評価されて課長になり、部長になっていく。自分と価値観が異なる多様な部下をマネジメントする今の状況を考えると，管理職が「ヒューマンスキル」を欠いていると、部下のモチベーション低下や離職に繋がることになります。本来なら、「ヒューマンスキル」や「コンセプチュアルスキル」

がある人材を管理職に登用し、それを欠いた人には「テクニカルスキル」を評価する別のキャリアを用意すべきなのです。

それではどうしたら、「ヒューマンスキル」や「コンセプチュアルスキル」が身につくのでしょうか？

「仕事役割以外の役割を持っていない人が多い。男性社員が夫になったら、夫役割、父親になったら父親役割をちゃんと担っているのでしょうか？　仕事役割以外の多様な役割を担うことを通じて、多様な価値観に触れることに繋がり，他者理解に必要な『ヒューマンスキル』の向上に貢献します。ＰＴＡやマンションの管理組合の役員をやるのでもいい。またはビジネススクールなどで勉強すれば、学生役割を引き受けることになり、『ヒューマンスキル』に加えて、『コンセプチュアルスキル』も学べます。企業としては、働き方改革で生まれた時間を社員に返し、家庭や地域で仕事役割以外の役割を担えるようにすることです。働き方改革で、なるべく職場の以外の場で使える時間を増やすことですね。

役割変化に柔軟に対応できることを通じて，自分自身の多様化、つまりダイバーシティを促進することです。これには管理職だけでなく、社員のすべてが取り組むことが必要で，それができないと不確実なビジネス環境の変化に適応できません。ビジネス環境の変化は、過去の延長線上にはない非連続的変化です。従来の自分の価値観を柔軟に変えることに慣れていない人には厳しい時代です。変化に柔軟に対応できる社員を育てることは会社にとってのプラスになります」

今後の会社へのアドバイスとして佐藤教授は以下のことを上げています。

- **キャリアを複線化し，それぞれに応じて管理職の登用基準を変える**
- **社員に対して少なくとも10年毎にキャリアを振り返り今後のキャリアを考える機会を与える**
- **働き方改革を通じて，社員が仕事以外の場で使える時間を増やす**

「これからの学びは積み重ねではなく、今までを捨てるアンラーニングが必要になります。この点でも価値観の変化に柔軟に対応できることが大事です」

このように佐藤教授は述べています。

産業医から見た理想の上司は「キャバクラ店長型」？

産業医として数多くの職場を見てきた大室正志さんは、管理職たちの現状を次のように指摘します。

「昔のおじさんに多い体育会系気質の上司は、部下に無理難題を与えて『何とかしろ』としか言いませんでした。このタイプは、部下が『無理です』と言った瞬間に、『俺を否定したのか』とまるで人格を否定されたように捉えてしまうことが多い。今でも40代以上の課長クラスには、この傾向が強く見られます。こうした不機嫌な上司を見て、部下は仕方なく『やります』と言ってしまうわけです」

この「不機嫌な上司」こそ、長きに渡り職場に長時間労働やハラスメント被害をもたらす要因でした。しかし働き方改革や「ハラスメント対策」が進む現在は、そうもいきません。昔と違って業務時間は限られていますし、「働き方改革」でパワーハラスメントへの対策をすることは企業の義務となりました。

こうして管理職が権力や威圧的な態度で部下を動かそうとすることは、もはや不可能な時代になったのですが、それでは新しい「ハラスメントにならない指導法」を会社は学ぶ機会を作っているのかというと、そういうわけでもない。時代にあった管理職としてのあり方、指導法のアップデートが急務になっています。

また労働環境が大きく変わる中、多様な部下をマネジメントするポイントとして、大室さんは「期待値の調整」を挙げます。

「人間関係で起こる問題の大部分は、『期待値』によるものです。例えば、月に行けないことに不自由を感じる人はほとんどいません。人間は、最初から期待値の外にあるものにはストレスを感じないのです。一方、『フラットな職場環境』をうたう企業に入社する学生は、その通りの労働環境であることを期待しています。しかし多くの場合は『昭和時代の当社と比べて、相対的にフラットになった』という意味であって、本当にフルフラットなわけではない。だから学生たちは期待値があった分、入社後にストレスを感じてしまうのです」

つまり、企業がアピールする環境と実際の環境との間には、言語化されていない真実が隠されており、これが期待値のギャップとなり、失望を生む要因となります。

実はマネジメントのカギもここにあります。「言わなくてもわかるだろう」「黙って俺についてこい」ではなく、必要なことを的確に言語化して伝えられる上司が求められているのです。

いわゆる体育会系の上司は、部下も自分と同じような文化や環境の中で育ったはずだという間違った前提に立ちやすく、言語化して説明するプロセスを省略しがちです。

しかし組織の多様性が高まっている今は、むしろ「自分と部下はまったく違う環境で育ってきたので、もともと感じ方や考え方が違うのだ」という一種の諦めからスタートした方がコミュニケーションはうまくいくと大室さんはアドバイスします。

大室さんは、自分と異なる文化や環境の人たちをマネジメントするコツについて、「これからの上司はキャバクラの店長であれ」と言います。

「キャバクラの男性店長と女性店員は、性別も違えば給与体系も違います。したがって『店長だから偉くて給与も高い』という図式は成立しません。そんな共通の要素が少ない組織で『このチームの能力を最大化するために自分ができることは何か』を純粋に考えることができます。

また、キャバクラは離職率が極めて高い職場なので、部下に気持ちよく働いてもらうために店長は高圧的な態度はとらず、むしろ部下をよく褒めます。最近は組織に属することより、自分というものを大事にする社員が増えているので、こうした部下をマネジメントするには、キャバクラのマネジメントが参考になるはずです」

確かに最近は、自分を主張するタイプより、周囲を輝かせるような上司が若い社員たちから人気があります。毎年恒例の「理想の上司ランキング」でも、かつては星野仙一さんのような「怖い親父タイプ」が上位でしたが、最近は内村光良さんやタモリさんなど、「一見すると薄味だが、自然に周りを導くようなタイプ」が上位です。

「感情の言語化」がマネジメントのコツ

一方で、部下に最も嫌われるのは「キレるポイントがわからない上司」だと大室さんは指摘します。

例えば子育てで、子どもがある行動をしたとき、親がお尻を叩いたとします。子どもにとってお尻を叩かれること自体は、それほどショックではありません。ただ、子どもが同じ行動をしたとき、「親が昨日はニコニコしていたのに、今日はお尻を叩いた」というように、行動が一貫していないことの方が怖いのだと言います。

「親が情緒不安定でそのときの気分によって対処が異なると、子どもはキレるポイントがわからず、いつもおどおどするようになります。これを会社に置き換えてみたとき、部下から見た上司が『この人はこうすると怒る人なのだ』『こうすると評価してくれるのだ』という基準が一貫していれば、部下は『信頼できる』と感じます」

ただし、感情的になりすぎるのがよくないとはいえ、感情がないかのように振る舞うのも問題だと言います。大室さんが企業でメンタル不調の社員と面談すると、男性の場合は感情言語を一切使わない人が少なくないそうです。

「上司にひどいことを言われて傷ついていたとしても、『頭が痛いので薬を飲んだらよくなった』という事実しか口にしない。日本には『口に出さないのが美徳だ』という文化があり、特に男性は『感情を表に出すのははしたない』と言われて育った人が多いのでしょう。でも本当は心の奥底に感情があるので、それを抑え続けているとメンタルに不調をきたしてしまう。感情を抑えるのが大人ではなく、適度に感情を出しつつ、感情とうまく付き合うのが大人です」

ストレスを溜めない方法として、大室さんは「感情と行動を分けること」を提案しています。もし嫌なことがあったら、その感情を適度に出してみる。多忙なときに急な仕事を依頼されたら、「え〜、今から？・」と気持ちを素直に口に出せばいいのです。

その上で、やるべき仕事はやる。「自分がこの仕事をやりたいからやるのだ」と無理に感情と行動を統合しないで、「この仕事は嫌」「でも仕事はやる」と分離した方がラクになれます。

管理職のミドル世代は、急激な環境変化の中で上司の役割を担い、心身にかかる負担がどんどん大きくなっています。企業のボリュームゾーンであるおじさんたちがメンタルヘルスに問題を抱えれば、企業としても大きな損失を被ることになります。

大室さんによれば、感情の言語化はトレーニングでできるようになるとのこと。若い部下たちにストレスを与えないためにも、自身がストレスを抱えないためにも、企業が管理職向けに「感情を言語化する研修」を行うのは有効かもしれません。

いずれにしても、多様化の時代のマネジメントにはコミュニケーション能力が不可欠です。「黙ってついてこい」「背中を見て学べ」ではなく、的確な言語化のスキルを身につけることが管理職に求められています。

役員でも減収あり？　納得感ある「人事評価」の作り方

～カゴメの評価制度改革～

なぜ役員でも「減収あり」の評価制度を導入したのか

「古いマネジメントを変えるには、マネジメントの評価を変えるべき！」

そんな発想から、ドラスティックな「評価と報酬の改革」を実行したのが食品メーカーのカゴメです。

生産性の高い働き方をマネジメントできないなら、たとえ役員や管理職でも収入が減る仕組みにする。これは理屈としては通るものの、企業が実際にやるとなれば、既得権益を持つおじさんたちから相当な反発を食らうことは目に見えています。

しかしカゴメでは、臆することなくこの課題にメスを入れました。

改革をリードしたのは、２０１７年にＣＨＯ（最高人事責任者）に就任した執行役員の有沢正人さん。それまで銀行やメーカー、保険会社など様々な企業で経営者と共に人事戦略の策定や改革を行ってきた経歴を持つ、人事パーソンの間では有名な人です。2012年に特別顧問として招聘され、翌年には中期計画の5つの大きな柱のうち、「人事制度の改革」を第一に掲げて、「人事を変えなければ、会社も変わらない」という強力なメッセージを社内に向けて発信しました。

その最大の取り組みが、評価制度の改革です。役員から従業員まで、すべての評価軸をグローバルに統一。それまでは「人」に対して給料を支払っていましたが、改革後は役職や立場に関わらず「pay for performance」、つまり誰に対しても「成果」に対して給料を支払う仕組みにしました。

日本でも成果主義を取り入れた企業はたくさんありますが、実際は形骸化しているケースも多く、いまだに年功序列で報酬を上げていく評価制度がほとんど。すると何が起きるかといえば、「成果を上げても、勤続年数が長くなければ給料が増えない」と考える社員の増加とモチベーションの低下です。

カゴメのように純粋な成果に対して給料を払えば、年齢や社歴は関係なくなります。その仕事をやるだけの能力さえあれば、どんな人でも抜擢される可能性が生まれます。

本当に有能な人材を登用すれば、若い従業員たちのモチベーションも上がる一方で、すでに役職に就いているおじさんたちは現在の椅子にあぐらをかいているわけにはいかなくなります。

驚くのは、役員でさえ報酬が下がる可能性があるということ。役員の報酬制度については、固定報酬と変動報酬の比率を変え、変動報酬の割合を大きくしました。ステークホルダーに対する経営責任を果たせない役員は、報酬が大きく下がることもあります。

「下の人の給料から変えていくとか、人事制度を下のポジションから進めていくと話す経営者や人事がよくいますが、それは絶対に違うと思う。『上が変わらないのに、なぜ自分たちだけが変わらなければいけないのか』と社内の不平不満が強くなって、むしろ改革がやりにくくなるだけです」

働き方改革と「評価や報酬の再設定」は両輪であり、管理職や役員ですら例外ではないのです。

「成果」に加えて「差」にも報酬を払う

カゴメのこの改革にはもう1つポイントがあります。それは「pay for difference」、つまり「差」に対して給料を払うことです。

有沢さんいわく、日本人は差をつけるのが苦手で、従業員の評価をする時も、「評価の中心化傾向」が見られると言います。例えば、S・A・B・C・Dという5段階評価があるとすると、中央の「評価B」が非常に多くなる。カゴメの場合も、有沢さんが入社した当時は評価Bが85パーセントと圧倒的多数で、評価Aはわずか14パーセントに留まっていました。

その理由は、評価が昇格・昇進に直結していたからです。悪い評価をつければその人のキャリアにすぐ影響するため、上司は「他人の人生を決めるような大それたことはできない」と考え、無難な評価をつけることが多くなります。

その弊害をなくすため、カゴメは「1年間の評価は昇格・昇進とは一切関係ない」という制度に変えました。評価が高い人については、短期の成果としてボーナスに反映させます。また、昇格・昇進は、小論文や面接、試験など、多面的な視点で判断しています。

このように、カゴメの評価制度は「performance（成果）」と「difference（差）」に対して報酬を払うという極めてフェアな仕組みです。

ただし、ここで課題になるのが「部下の評価をするのは上司である」という点です。成果に対して評価するとはいえ、上司と部下は人間同士なので、アウトプットの評価にも感情や相性が加味されてしまうことがあるのではないかという懸念が生まれます。

その課題をクリアするために、カゴメがとった施策が「定量評価の導入」です。各自で目標を申告し、「何を」「いつまでに」「どのくらい」という視点でアウトプットを測定して定量的に評価します。これなら、営業のように明確な数字が出ない部門のアウトプットも測定できます。

「なぜ評価に感情や相性が加味されてしまうかといえば、定性評価だけで済まそうとしていたから。定性評価とは、極端にいえば『好き嫌い』のこと。この部分をできるだけ減らすには、客観的なファクトで評価するしかない。その点、定量的な評価なら達成度という数字がでるので、お互いに文句のつけようがありません」

さらに、1人の上司だけが評価するのではなく、複数の人が評価する仕組みを作ることで、個人的な好き嫌いが影響するのを防いでいます。多面的な評価なら、評価が1人の人間の主観に偏ることはありません。社長以下4名の人材会議で「合議制」にすることで、社員の心理的安全性を高める仕組みです。4名で一致しない場合は、たとえ社長の意見でも通らない。

「異動は人の人生に関わること。トップが勝手に決めてはいけない。権限委譲を進め、意思決定プロセスを社員にも開示することで透明性を高めています。好き嫌いが100パーセント排除された評価は、この世には存在しない。ただ、それに向けてやることは可能です」と有沢さんは話します。

フィードバックは上司の重要な仕事

また、フィードバックの実践も徹底しています。

上司と部下の間で年2回のフィードバック面談を行うことが決められていて、上司のフィードバックを受けたかどうかは、人事が全従業員に社内のアンケートシステムを使って確認します。これなら、上司が忙しいからとフィードバックを怠ることがなくなり、どの従業員も確実に面談を受けられます。

日本の企業では、フィードバックの機会があっても、一方的に「あなたはこういう評価だから」と伝えるだけだったり、従業員が反論できない環境だったりすることが少なくありません。また大企業でも「面談の実施率」が5割いかない例もあります。

しかし、それでは正当な評価はできません。目標達成できなかった人がいたら、その理由を本人に直接聞いて、その原因を取り除くのが上司の仕事です。

カゴメの評価制度改革は、日本企業の「評価と報酬の改革」のための大きなヒントとなります。働き方改革が進み、労働時間で評価される時代が完全に終われば、「成果」や「差」で個人を評価するのが当たり前になるでしょう。

そのとき、どんなマネジメントが求められるかといえば、やはりコミュニケーション能力です。

カゴメに限らず、上司と部下の間でフィードバックを大事にすることが世界的なマネジメントの流れになっていて、例えばグーグルでは上司と部下が1対1で話し合う「1 on 1ミーティング」が週に一度行なわれています。上司はかなりの時間をこのミーティングのために割いていて、それ自体がマネジャーの主な仕事でもあります。

グーグルやヤフーが実施していることで流行した1 on 1ミーティングですが、コロナ下ではリモートマネジメントの必須事項にもなっています。実施者に聞くと「必ず実施前に上司にやり方の研修をしている」とのこと。それでも得意不得意は出てしまうそうです。

「部下1人に週1なんて、どれぐらい時間を割くのか」そう思う上司もいるでしょう。しかし、グーグルの友人に1 on 1をする部下の数を聞いたら「6名ぐらい」とのこと。小さなチームが有機的に繋がり、仕事をする組織で、ピラミッド型ではない。ちなみにグーグルでは物事を決めるときの会議は「8名以内」と決まっているそうです。これは「ピザが分けられる人数」と言われて、納得しました。ピラミッド型の組織で、多くの人が参加する会議は、生産性の高い組織では非効率と思われているのでしょう。

テレワークが広がれば、上司と部下がフェイス・トゥ・フェイスで話す時間はさらに重要になります。社員がバラバラの場所で働くようになると、上司と部下のコミュニケーションは減ると思われがちですが、実際は逆です。なぜなら離れているからこそ、お互いのスケジュールや進捗をこまめに確認するようになるからです。

リモートワークをうまく導入するコツは、「リモートコミュニケーションを設計すること」です。リモートワークがうまく行っている組織では、スラックのようなビジネスチャットを使うツールの変更も同時に起きています。メールよりも、ビジネスチャットの方が双方向性があるからです。リモートの時代では、社内のコミュニケーションが「メール」

か「対面」の2択だけではなくなるのです。
これからの時代のマネジメントとは、コミュニケーションである。そう言ってもいいほど管理職にとって重要なスキルになることは間違いありません。

【「ミドル人材活用」のポイント】
●人や役職ではなく「成果」「差」に対して報酬を支払う制度の導入
●評価が誰か一人の意見に偏ることのない「合議制」で評価する
●リモートでは、上司のフィードバックはますます重要な仕事になる

「アンコンシャスバイアス研修」でおじさんのマネジメントを変える

〜P&Gの事例から〜

アンコンシャスバイアスを研修で見抜け！

昔と今とでは求められるマネジメントスタイルが変化している。そう言われても、長年続けてきたやり方を自分1人の力で変えるのは容易ではありません。

それにいち早く気づいた企業は、ミドルを対象とした研修に力を入れ始めています。ただし、すでに価値観や仕事のやり方が固定化しているマネジメント層を変えるには、新人に行う研修とはまったく異なるアプローチが必要です。

そこで、他社に先駆けてミドルや管理職向けのトレーニングやラーニングに取り組んでいる企業の研修プログラムを紹介します。皆さんの会社でマネジメント研修を開発する際のヒントとしてぜひ役立ててください。

400社が受講したP&G「ダイバーシティ&インクルージョン研修プログラム」

すでに25年以上前から女性活躍やダイバーシティを推進してきたP&Gジャパン合同会社。同社では、多様性をビジネスに積極活用するための「ダイバーシティ&インクルージョン」を進めています。

インクルージョンとは、近年注目を集めている概念で、「一人一人が異なる存在であることを尊重し、それぞれの能力を引き出して組織で活用すること」を意味します。「ダイバーシティ」が多様性を指すのに対し、「インクルージョン」は多様な人材がお互いに関わりを持ちながら一体となって働いている状態を指します。

P&Gジャパンでは、社員が日頃から「ダイバーシティ&インクルージョン」を実践するためのスキル研修を行ってきました。その中には、管理職を対象とした「部下をインクルージョンするための研修」や、経営陣を対象とした「インクルーシブな組織と文化醸成のための研修」などがあり、それぞれの立場で必要なスキルを習得するためのプログラムを提供しています。

こうして培ってきた知見やノウハウを社内だけでなく社外でも広く活用してもらおうと、2016年3月に経営トップ直轄の組織「P&Gダイバーシティ&インクルージョン啓発プロジェクト」を発足。社内研修をベースに開発した独自の管理職向け研修である「P&Gジャパン ダイバーシティ&インクルージョン研修プログラム」を他の企業や団体に無償で提供し、すでに400社以上が受けているといいます。

私もこの研修プログラムの体験版に実際に参加してみました。講師は人事の研修担当者ではなく、現役の営業部長です。忙しい「現場の管理職」が自ら出向いてくれることに、このプログラムへの本気度を感じました。また、受講者側も男性管理職が多いので、管理職自身が体験を交えて語ってくれることが効果的です。研修にありがちな「そうはいっても現場では……」という雰囲気も払拭されます。

ここではその内容の一部をご紹介しましょう。この研修の目的は、次の2点です。

1．ダイバーシティ&インクルージョンについて、必要性と重要性の理解を深める

2．組織内でダイバーシティ&インクルージョンを推進するために、管理職としてどの

ようなスキルが求められるかを理解する

まずは「ダイバーシティ&インクルージョン」の考え方とビジネスにおける重要性についての講義が行われます。多様な違いをお互いに活かし合うという定義の解説から始まり、イノベーションの創出や組織の生産性向上につながることなどを学びます。

加えて充実しているのが、ダイバーシティ&インクルージョンのスキルを身につけるためのワークショップです。ただ知識を学ぶだけでなく、管理職がみずからを振り返りながら、どんなマネジメントが求められているかを自身で気づくためのプログラムが用意されています。

例えば、「インクルージョンを感じる瞬間」として、「自分を認め、受け入れ、活かしてくれた上司との経験」を書き出します。逆に、「自分が認められなかった、受け入れられなかった、活かされなかったと感じた上司との経験」も書き出します。

その上で今度は、自分の行動を振り返ります。先ほど自分が書き出した上司との体験を踏まえて、次の点を考えます。

・今、相手（部下）に対して、「自分を認め、受け入れ、活かしてくれた上司との経験」と同じような言動や態度ができているか。

・今、相手（部下）に対して、「自分が認められなかった、受け入れられなかった、活かされなかったと感じた上司との経験」と同じような言動や態度をしていないか。

・それらの言動や態度をとったとき、相手（部下）はどう感じているか。

こうした振り返りによって、自分が部下だった頃の視点に立ち、「上司に何を求めていたか」を思い出すことができます。それはすなわち、今の自分が「管理職として期待されること」でもあります。

それを整理した上で、期待に応えるために「自分が今日からできるアクション」を書き出します。ダイバーシティ&インクルージョンを頭で理解するだけでなく、実際のアクションチェンジにつなげることが狙いです。

その他のツールとして、「価値観チェックシート」も配られました。これは、上司と部下、あるいはチームメンバー同士が、一人一人異なる価値観を持っていることを認識し、お互いの違いを理解するためのものです。

チェックシートには20項目の価値観が並び、最も大事だと思うものに「○」を、それほど大事ではないと思う（あまりモチベーションにならない）ものに「×」を、それぞれ3つから5つずつマークするように指示が記載されています。

並んでいるのは、「自分のチームや組織が成功する」「昇給する」「私生活と仕事のバランスがとれる」といった項目です。

特徴的なのは、1つの項目につき「自分」と「相手」の2人が記入する欄があることです。管理職はこのシートを2枚用意し、価値観をチェックしたい相手と自分でそれぞれ1枚ずつ記入します。その際、「自分」の欄には「自分自身の価値観」を記入し、「相手」の欄には「自分が想像する相手の価値観」を記入します。

記入したら、それぞれのチェックシートをお互いに見比べることで、「自分の価値観」と「相手の価値観」の違いや、「自分が想像した相手の価値観」と「実際の相手の価値観」との違いを認識できるというわけです。

それを受けて、お互いの違いを尊重するために今後何ができるかを話し合うなど、こちらも具体的なアクションにつなげるようアドバイスしています。

「勉強になった」と満足するだけで終わっては、研修の意味がありません。あくまでもミドルや管理職のアクションチェンジを目的としたプログラムであることが重要です。

マネジメント研修は「自分を見つめる場」

「これからの時代のマネジメントとは、コミュニケーション」です。ミドルが自分の思い込みやコミュニケーションスタイルを変えるには、「なぜ今のスタイルではダメなのか」を理解する必要があります。

自分が気づかないうちに偏見を持っていないか、相手の多様性を否定する振る舞いをしていないか。それは自分自身で我が身を振り返ることでしか得られない気づきです。

第2章に登場したドラッカースクール准教授のジェレミー・ハンターさんも、企業のエグゼクティブをトレーニングするときは「自分がいかに決まり切った反応をしているか」に気づくことが第一歩だと話していました。

「保守的になると、人は見たいものしか見なくなる。だからまずは、現実をありのままに見ましょう。そして、本当に欲しい結果と現実とのギャップを埋めるために何をしたらいいかを考え、行動に移すことです」

知識を教える新人研修と違い、ミドルを対象としたマネジメント研修は「今の自分をありのままに見つめる場」として機能させることがポイントです。

気づきがあれば、おじさんも変わり、マネジメントも変わる。これからの時代に求められるミドルを育成するために、企業ができることはまだまだありそうです。

【「ミドル人材活用」のポイント】

- 「アンコンシャスバイアス」に気づき、それを職場全体で共有する
- 多様な人材が一体となって価値を生む「インクルージョン」を重視する
- 管理職こそ、自分自身の内面に目を向けることで、変わろうとするべき

参考文献

○書籍

伊藤公雄（1993）『「男らしさ」のゆくえ―男性文化の文化社会学』新曜社
今野浩一郎、佐藤博樹（2009）「人事管理入門　第2版」日本経済新聞出版
海老原嗣生、荻野進介（2018）『名著17冊の著者との往復書簡で読み解く人事の成り立ち：「誰もが階段を上れる社会」の希望と葛藤』白桃書房
小池和男、猪木武徳（2002）『ホワイトカラーの人材形成―日米英独の比較』東洋経済新報社
佐藤博樹、藤村博之、八代充史（2019）『新しい人事労務管理 第6版』有斐閣
ジェレミー・ハンター、稲墻聡一郎著、井上英之序文（2020）『ドラッカー・スクールのセルフマネジメント教室』（プレジデント社）
白河桃子（2017）『御社の働き方改革、ここが間違ってます！』PHP新書
田中研之輔（2019）『プロティアン　70歳まで第一線で働き続ける最強のキャリア資

本術』日経ＢＰ
沼上幹、軽部大、加藤俊彦、田中一弘、島本実（２００７）『組織の〈重さ〉日本的企業組織の再点検』日本経済新聞出版
濱口桂一郎（２０１４）『日本の雇用と中高年』ちくま新書
村木厚子（２０１８）『日本型組織の病を考える』角川新書
山田英夫、手嶋友希（２０１９）『本業転換』ＫＡＤＯＫＡＷＡ

○調査・論文

阿部孝太郎「日本的集団浅慮の研究・要約版」商学討究 Vol.57 No.2-3 73-84 ２００６年
一般社団法人 営業部女子課の会「コロナ時代のモノの売り方～営業職のテレワーク～」アンケート
経済産業省「デジタルトランスフォーメーションを推進するためのガイドライン（ＤＸ推進ガイドライン）Ver.1.0」２０１８年12月
公益財団法人 日本生産性本部「第２回働く人の意識調査」２０２０年７月21日
ジェニファー・Ｌ・バーダール、ピーター・グリック、マリアンヌ・クーパー「『男性

性を競う文化』が組織に機能不全を招く」ＤＩＡＭＯＮＤハーバード・ビジネス・レビュー２０１８年12月14日
総務省「平成30年通信利用動向調査」
内閣府「新型コロナウイルス感染症の影響下における生活意識・行動の変化に関する調査」
パーソル総合研究所「新型コロナウイルス対策によるテレワークへの影響に関する緊急調査」
リクルートワークス研究所「Works Index 2019 Index Ⅲ ワークライフバランス」
Housman,Michael,and Dylan Minor."Toxic Workers." Harvard Business School Working Paper,No.16-057,October 2015.

○記事・テレビ
一般社団法人 日本人材紹介事業協会「人材協、職業紹介会社大手３社 2018 年度下期転職紹介実績を発表」２０１９年5月30日
伊藤公雄「男女平等に『怯える男たち』をケア…男性危機センターの大切な役割」現代

ビジネス　２０１９年４月４日
ＮＨＫ教育テレビジョン「ズームバック×オチアイ特別編～落合陽一、オードリー・タンに会う～」２０２０年10月３日放送
黒田真行「年収が…人手不足でも広がる『40歳からの転職格差』」ＮＩＫＫＥＩ ＳＴＹＬＥ 出世ナビ内連載「次世代リーダーの転職学」２０１７年７月７日
産経新聞「間違いだらけの『ジョブ型』議論、成果主義ではない…第一人者・濱口桂一郎氏が喝！」２０２０年10月14日
東京商工リサーチ「２０２０年上場企業の早期・希望退職93社　リーマン・ショック以降で０９年に次ぐ高水準」２０２１年１月21日
日本経済新聞「8年連続で転職増、４割が中高年雇用の流動化進む」２０１９年４月27日
弁護士ドットコムニュース「人事の流行『ジョブ型雇用』の誤解　成果主義や解雇と直結？　佐藤博樹・中央大学ビジネススクール教授に聞く」２０２０年12月６日
ロイター通信「米ゴールドマン、新パートナーを発表多様性強化」２０２０年11月13日
ロイター通信「EXCLUSIVE- ゴールドマン、投資先企業に多様性強化を要請へ」２０２

0年12月20日
Business Insider Japan「アリババのジャック・マー会長『日本を尊敬。だが惜しいことが2つある』。退任直前の助言」2019年8月30日本書の一部は、「NIKKEI STYLE WOMAN SMART内連載『すごい働き方革命』」および「プレジデントウーマンオンライン」掲載の記事を元に加筆・修正を行ったものです。

PHP新書

PHP INTERFACE
https://www.php.co.jp/

白河桃子［しらかわ・とうこ］

相模女子大学大学院特任教授、昭和女子大学客員教授、ジャーナリスト、作家。慶應義塾大学文学部社会学専攻卒。中央大学ビジネススクール戦略経営研究科専門職学位課程修了。住友商事、外資系金融などを経て著述業に。ダイバーシティ、働き方改革、ジェンダー、女性活躍、ライフキャリアなどをテーマに著作、講演活動を行う一方、「働き方改革実現会議」「男女共同参画会議　重点方針専門調査会」「テレワーク普及展開方策検討会」など多数の政府の委員を歴任。近著に『ハラスメントの境界線』（中公新書ラクレ）など。

構成：塚田有香

働かないおじさんが御社をダメにする
ミドル人材活躍のための処方箋
（PHP新書1249）

二〇二一年三月二日　第一版第一刷

著者――白河桃子
発行者――後藤淳一
発行所――株式会社PHP研究所
東京本部――〒135-8137 江東区豊洲5-6-52
第一制作部 ☎03-3520-9615（編集）
普及部 ☎03-3520-9630（販売）
京都本部――〒601-8411 京都市南区西九条北ノ内町11
組版――有限会社エヴリ・シンク
装幀者――芦澤泰偉＋児崎雅淑
印刷所
製本所――図書印刷株式会社

ISBN978-4-569-84348-3

ＰＨＰ新書刊行にあたって

「繁栄を通じて平和と幸福を」（PEACE and HAPPINESS through PROSPERITY）の願いのもと、ＰＨＰ研究所が創設されて今年で五十周年を迎えます。その歩みは、日本人が先の戦争を乗り越え、並々ならぬ努力を続けて、今日の繁栄を築き上げてきた軌跡に重なります。

しかし、平和で豊かな生活を手にした現在、多くの日本人は、自分が何のために生きているのか、どのように生きていきたいのかを、見失いつつあるように思われます。そして、その間にも、日本国内や世界のみならず地球規模での大きな変化が日々生起し、解決すべき問題となって私たちのもとに押し寄せてきます。

このような時代に人生の確かな価値を見出し、生きる喜びに満ちあふれた社会を実現するために、いま何が求められているのでしょうか。それは、先達が培ってきた知恵を紡ぎ直すこと、その上で自分たち一人一人がおかれた現実と進むべき未来について丹念に考えていくこと以外にはありません。

その営みは、単なる知識に終わらない深い思索へ、そしてよく生きるための哲学への旅でもあります。弊所が創設五十周年を迎えましたのを機に、ＰＨＰ新書を創刊し、この新たな旅を読者と共に歩んでいきたいと思っています。多くの読者の共感と支援を心よりお願いいたします。

一九九六年十月

ＰＨＰ研究所

PHP新書

[経済・経営]

187 働くひとのためのキャリア・デザイン　金井壽宏
379 なぜトヨタは人を育てるのがうまいのか　若松義人
450 トヨタの上司は現場で何を伝えているのか　若松義人
543 ハイエク 知識社会の自由主義　池田信夫
587 微分・積分を知らずに経営を語るな　内山 力
594 新しい資本主義　原 丈人
620 自分らしいキャリアのつくり方　高橋俊介
752 日本企業にいま大切なこと　野中郁次郎／遠藤 功
852 ドラッカーとオーケストラの組織論　山岸淳子
892 知の最先端　クレイトン・クリステンセンほか[著]／大野和基[インタビュー・編]
901 ホワイト企業　高橋俊介
932 なぜローカル経済から日本は甦るのか　冨山和彦
958 ケインズの逆襲、ハイエクの慧眼　松尾 匡
985 新しいグローバルビジネスの教科書　山田英二
998 超インフラ論　藤井 聡
1023 大変化──経済学が教える二〇二〇年の日本と世界　竹中平蔵
1027 戦後経済史は嘘ばかり　髙橋洋一
1029 ハーバードでいちばん人気の国・日本　佐藤智恵
1033 自由のジレンマを解く　松尾 匡
1080 クラッシャー上司　松崎一葉
1084 セブン-イレブン1号店 繁盛する商い　山本憲司
1088 「年金問題」は嘘ばかり　髙橋洋一
1105 「米中経済戦争」の内実を読み解く　津上俊哉
1114 クルマを捨ててこそ地方は甦る　藤井 聡
1136 残念な職場　河合 薫
1162 なんで、その価格で売れちゃうの？　永井孝尚
1166 人生に奇跡を起こす営業のやり方　田口佳史／田村 潤
1172 お金の流れで読む 日本と世界の未来　ジム・ロジャーズ[著]／大野和基[訳]
1174 「消費増税」は嘘ばかり　髙橋洋一
1175 平成の教訓　竹中平蔵
1187 なぜデフレを放置してはいけないか　岩田規久男
1193 労働者の味方をやめた世界の左派政党　吉松 崇
1198 中国金融の実力と日本の戦略　柴田 聡
1203 売ってはいけない　永井孝尚
1204 ミルトン・フリードマンの日本経済論　柿埜真吾
1220 交渉力　橋下 徹
1230 変質する世界　Voice編集部[編]
1235 決算書は3項目だけ読めばいい　大村大次郎

［**社会・教育**］

117 社会的ジレンマ　山岸俊男
335 NPOという生き方　島田　恒
418 女性の品格　坂東眞理子
495 親の品格　坂東眞理子
504 生活保護vsワーキングプア　大山典宏
522 プロ法律家のクレーマー対応術　横山雅文
537 ネットいじめ　荻上チキ
546 本質を見抜く力――環境・食料・エネルギー　養老孟司／竹村公太郎
586 理系バカと文系バカ　竹内　薫［著］／嵯峨野功一［構成］
602 「勉強しろ」と言わずに子供を勉強させる法　小林公夫
618 世界一幸福な国デンマークの暮らし方　千葉忠夫
621 コミュニケーション力を引き出す　平田オリザ／蓮行
629 テレビは見てはいけない　苫米地英人
632 あの演説はなぜ人を動かしたのか　川上徹也
681 スウェーデンはなぜ強いのか　北岡孝義
692 女性の幸福［仕事編］　坂東眞理子
706 日本はスウェーデンになるべきか　高岡　望
720 格差と貧困のないデンマーク　千葉忠夫
741 本物の医師になれる人、なれない人　小林公夫
780 幸せな小国オランダの智慧　紺野　登
783 原発「危険神話」の崩壊　池田信夫
786 新聞・テレビはなぜ平気で「ウソ」をつくのか　上杉　隆
789 「勉強しろ」と言わずに子供を勉強させる言葉　小林公夫
792 「日本」を捨てよ　苫米地英人
819 日本のリアル　養老孟司
823 となりの闇社会　一橋文哉
828 ハッカーの手口　岡嶋裕史
829 頼れない国でどう生きようか　加藤嘉一／古市憲寿
832 スポーツの世界は学歴社会　橘木俊詔／齋藤隆志
847 子どもの問題　いかに解決するか　岡田尊司／魚住絹代
854 女子校力　杉浦由美子
857 大津中2いじめ自殺　共同通信大阪社会部
858 中学受験に失敗しない　高濱正伸
869 若者の取扱説明書　齋藤　孝
870 しなやかな仕事術　林　文子
888 日本人はいつ日本が好きになったのか　竹田恒泰
897 生活保護vs子どもの貧困　大山典宏
987 量子コンピューターが本当にすごい　竹内　薫／丸山篤史［構成］
994 文系の壁　養老孟司

［**政治・外交**］

［**文学・芸術**］

519 團十郎の歌舞伎案内　市川團十郎
578 心と響き合う読書案内　小川洋子
581 ファッションから名画を読む　深井晃子
588 小説の読み方　平野啓一郎
731 フランス的クラシック生活
ルネ・マルタン［著］／高野麻衣［解説］
781 チャイコフスキーがなぜか好き　亀山郁夫
820 心に訊《き》く音楽、心に効く音楽　高橋幸宏
843 仲代達矢が語る 日本映画黄金時代　春日太一
905 美　福原義春
916 乙女の絵画案内　和田彩花
951 棒を振る人生　佐渡　裕
1009 アートは資本主義の行方を予言する　山本豊津
1021 至高の音楽　百田尚樹
1103 倍賞千恵子の現場　倍賞千恵子
1126 大量生産品のデザイン論　佐藤　卓
1145 美貌のひと　中野京子
1165 《受胎告知》絵画でみるマリア信仰　高階秀爾
1191 名画という迷宮　木村泰司
1221 太宰を読んだ人が迷い込む場所　齋藤　孝

［**思想・哲学**］
032 〈対話〉のない社会　中島義道
058 悲鳴をあげる身体　鷲田清一
086 脳死・クローン・遺伝子治療　加藤尚武
204 はじめての哲学史講義　鷲田小彌太
468 「人間嫌い」のルール　中島義道
492 自由をいかに守るか ハイエクを読み直す　渡部昇一
856 現代語訳 西国立志編　サミュエル・スマイルズ［著］／
中村正直［訳］／金谷俊一郎［現代語訳］
1117 和辻哲郎と昭和の悲劇　小堀桂一郎
1159 靖國の精神史　小堀桂一郎
1215 世界史の針が巻き戻るとき　マルクス・ガブリエル

［**歴史**］
061 なぜ国家は衰亡するのか　中西輝政
286 歴史学ってなんだ？　小田中直樹
505 旧皇族が語る天皇の日本史　竹田恒泰
591 対論・異色昭和史　鶴見俊輔／上坂冬子
663 日本人として知っておきたい近代史［明治篇］　中西輝政
734 謎解き「張作霖爆殺事件」　加藤康男
738 アメリカが畏怖した日本　渡部昇一
748 詳説〈統帥綱領〉　柘植久慶

755 日本人はなぜ日本のことを知らないのか　竹田恒泰
761 真田三代　平山 優
776 はじめてのノモンハン事件　森山康平
784 日本古代史を科学する　中田 力
791 『古事記』と壬申の乱　関 裕二
848 院政とは何だったか　岡野友彦
903 アジアを救った近代日本史講義　渡辺利夫
922 木材・石炭・シェールガス　石井 彰
968 古代史の謎は「海路」で解ける　長野正孝
1012 古代史の謎は「鉄」で解ける　長野正孝
1037 なぜ二宮尊徳に学ぶ人は成功するのか　松沢成文
1057 なぜ会津は希代の雄藩になったか　中村彰彦
1064 真田信之 父の知略に勝《まさ》った決断力　平山 優
1075 誰が天照大神を女神に変えたのか　武光 誠
1085 新渡戸稲造はなぜ『武士道』を書いたのか　草原克豪
1086 日本にしかない「商いの心」の謎を解く　呉 善花
1096 名刀に挑む　松田次泰
1104 一九四五　占守島の真実　相原秀起
1107 ついに「愛国心」のタブーから解き放たれる日本人　ケント・ギルバート
1108 コミンテルンの謀略と日本の敗戦　江崎道朗
1111 北条氏康 関東に王道楽土を築いた男　伊東 潤／板嶋常明
1115 古代の技術を知れば、『日本書紀』の謎が解ける　長野正孝
1116 国際法で読み解く戦後史の真実　倉山 満
1118 歴史の勉強法　山本博文
1121 明治維新で変わらなかった日本の核心　猪瀬直樹／磯田道史
1123 天皇は本当にただの象徴に堕ちたのか　竹田恒泰
1129 物流は世界史をどう変えたのか　玉木俊明
1130 なぜ日本だけが中国の呪縛から逃れられたのか　石 平
1138 吉原はスゴイ　堀口茉純
1141 福沢諭吉　しなやかな日本精神　小浜逸郎
1142 卑弥呼以前の倭国五〇〇年　大平 裕
1152 日本占領と「敗戦革命」の危機　江崎道朗
1160 明治天皇の世界史　倉山 満
1167 吉田松陰『孫子評註』を読む　森田吉彦
1168 特攻　知られざる内幕　戸髙一成［編］
1176 「縄文」の新常識を知れば 日本の謎が解ける　関 裕二
1177 「親日派」朝鮮人　消された歴史　拳骨拓史
1178 歌舞伎はスゴイ　堀口茉純
1181 日本の民主主義はなぜ世界一長く続いているのか　竹田恒泰

1185 戦略で読み解く日本合戦史 海上知明
1192 中国をつくった12人の悪党たち 石 平
1194 太平洋戦争の新常識 歴史街道編集部［編］
1197 朝鮮戦争と日本・台湾「侵略」工作 江崎道朗
1199 関ヶ原合戦は「作り話」だったのか 渡邊大門
1206 ウェストファリア体制 倉山 満
1207 本当の武士道とは何か 菅野覚明
1209 満洲事変 宮田昌明
1210 日本の心をつくった12人 石 平
1213 岩崎小彌太 武田晴人
1217 縄文文明と中国文明 関 裕二
1218 戦国時代を読み解く新視点 歴史街道編集部［編］
1228 太平洋戦争の名将たち 歴史街道編集部［編］
1243 源氏将軍断絶 坂井孝一

［**宗教**］
123 お葬式をどうするか ひろさちや
300 梅原猛の『歎異抄』入門 梅原 猛
849 禅が教える 人生の答え 枡野俊明
955 どうせ死ぬのになぜ生きるのか 名越康文

［**地理・文化**］
264 「国民の祝日」の由来がわかる小事典 所 功
465・466 ［決定版］京都の寺社505を歩く（上・下） 山折哲雄／槇野 修
592 日本の曖昧《あいまい》力 呉 善花
639 世界カワイイ革命 櫻井孝昌
650 奈良の寺社150を歩く 山折哲雄／槇野 修
670 発酵食品の魔法の力 小泉武夫／石毛直道［編著］
705 日本はなぜ世界でいちばん人気があるのか 竹田恒泰
757 江戸東京の寺社609を歩く 下町・東郊編 山折哲雄／槇野 修
758 江戸東京の寺社609を歩く 山の手・西郊編 山折哲雄／槇野 修
845 鎌倉の寺社122を歩く 山折哲雄／槇野 修
934 世界遺産にされて富士山は泣いている 野口 健
1119 川と掘割〝20の跡〟を辿る江戸東京歴史散歩 岡本哲志
1182 京都の通りを歩いて愉しむ 柏井 壽
1184 現代の職人 早坂 隆
1238 群島の文明と大陸の文明 小倉紀蔵

［**心理・精神医学**］
053 カウンセリング心理学入門 國分康孝

103 生きていくことの意味 諸富祥彦
171 学ぶ意欲の心理学 市川伸一
304 パーソナリティ障害 岡田尊司
364 子どもの「心の病」を知る 岡田尊司
381 言いたいことが言えない人 加藤諦三
453 だれにでも「いい顔」をしてしまう人 加藤諦三
487 なぜ自信が持てないのか 根本橘夫
550 「うつ」になりやすい人 加藤諦三
583 だましの手口 西田公昭
695 大人のための精神分析入門 妙木浩之
697 統合失調症 岡田尊司
796 老後のイライラを捨てる技術 保坂 隆
825 事故がなくならない理由《わけ》 芳賀 繁
862 働く人のための精神医学 岡田尊司
895 他人を攻撃せずにはいられない人 片田珠美
910 がんばっているのに愛されない人 加藤諦三
952 プライドが高くて迷惑な人 片田珠美
953 なぜ皮膚はかゆくなるのか 菊池 新
956 最新版「うつ」を治す 大野 裕
977 悩まずにはいられない人 加藤諦三
1063 すぐ感情的になる人 片田珠美
1091 「損」を恐れるから失敗する 和田秀樹
1094 子どものための発達トレーニング 岡田尊司
1131 愛とためらいの哲学 岸見一郎
1195 子どもを攻撃せずにはいられない親 片田珠美
1205 どんなことからも立ち直れる人 加藤諦三
1214 改訂版 社会的ひきこもり 斎藤 環
1224 メンヘラの精神構造 加藤諦三

[**人生・エッセイ**]

263 養老孟司の〈逆さメガネ〉 養老孟司
340 使える!『徒然草』 齋藤 孝
377 上品な人、下品な人 山﨑武也
507 頭がよくなるユダヤ人ジョーク集 烏賀陽正弘
600 なぜ宇宙人は地球に来ない? 松尾貴史
742 みっともない老い方 川北義則
763 気にしない技術 香山リカ
827 直感力 羽生善治
859 みっともないお金の使い方 川北義則
938 東大卒プロゲーマー ときど
946 いっしょうけんめい「働かない」社会をつくる 海老原嗣生
1067 実践・快老生活 渡部昇一
1112 95歳まで生きるのは幸せですか? 池上 彰/瀬戸内寂聴

1132 半分生きて、半分死んでいる　養老孟司
1134 逃げる力　百田尚樹
1147 会社人生、五十路の壁　江上 剛
1148 なにもできない夫が、妻を亡くしたら　野村克也
1158 プロ弁護士の「勝つ技法」　矢部正秋
1179 なぜ論語は「善」なのに、儒教は「悪」なのか　石 平
1211 保険ぎらい　荻原博子

［知的技術］
112 大人のための勉強法　和田秀樹
180 伝わる・揺さぶる！文章を書く　山田ズーニー
203 上達の法則　岡本浩一
305 頭がいい人、悪い人の話し方　樋口裕一
399 ラクして成果が上がる理系的仕事術　鎌田浩毅
438 プロ弁護士の思考術　矢部正秋
573 1分で大切なことを伝える技術　齋藤 孝
646 世界を知る力　寺島実郎
673 本番に強い脳と心のつくり方　苫米地英人
718 必ず覚える！1分間アウトプット勉強法　齋藤 孝
737 超訳 マキャヴェリの言葉　本郷陽二
747 相手に9割しゃべらせる質問術　おちまさと
749 世界を知る力 日本創生編　寺島実郎
762 人を動かす対話術　岡田尊司
768 東大に合格する記憶術　宮口公寿
805 使える！「孫子の兵法」　齋藤 孝
810 とっさのひと言で心に刺さるコメント術　おちまさと
835 世界一のサービス　下野隆祥
838 瞬間の記憶力　楠木早紀
846 幸福になる「脳の使い方」　茂木健一郎
851 いい文章には型がある　吉岡友治
933 すぐに使える！頭がいい人の話し方　齋藤 孝
944 日本人が一生使える勉強法　竹田恒泰
1002 高校生が感動した微分・積分の授業　山本俊郎
1054 「時間の使い方」を科学する　一川 誠
1068 雑談力　百田尚樹
1113 高校生が感動した確率・統計の授業　山本俊郎
1127 一生使える脳　長谷川嘉哉
1133 深く考える力　田坂広志
1171 国際線機長の危機対応力　横田友宏
1186 実行力　橋下 徹
1216 ドラえもんを本気でつくる　大澤正彦
1222 コミュニケーション・ストレス　黒川伊保子